SHAOLIN - DER WEG DES KAMPFES

Fighter verlag

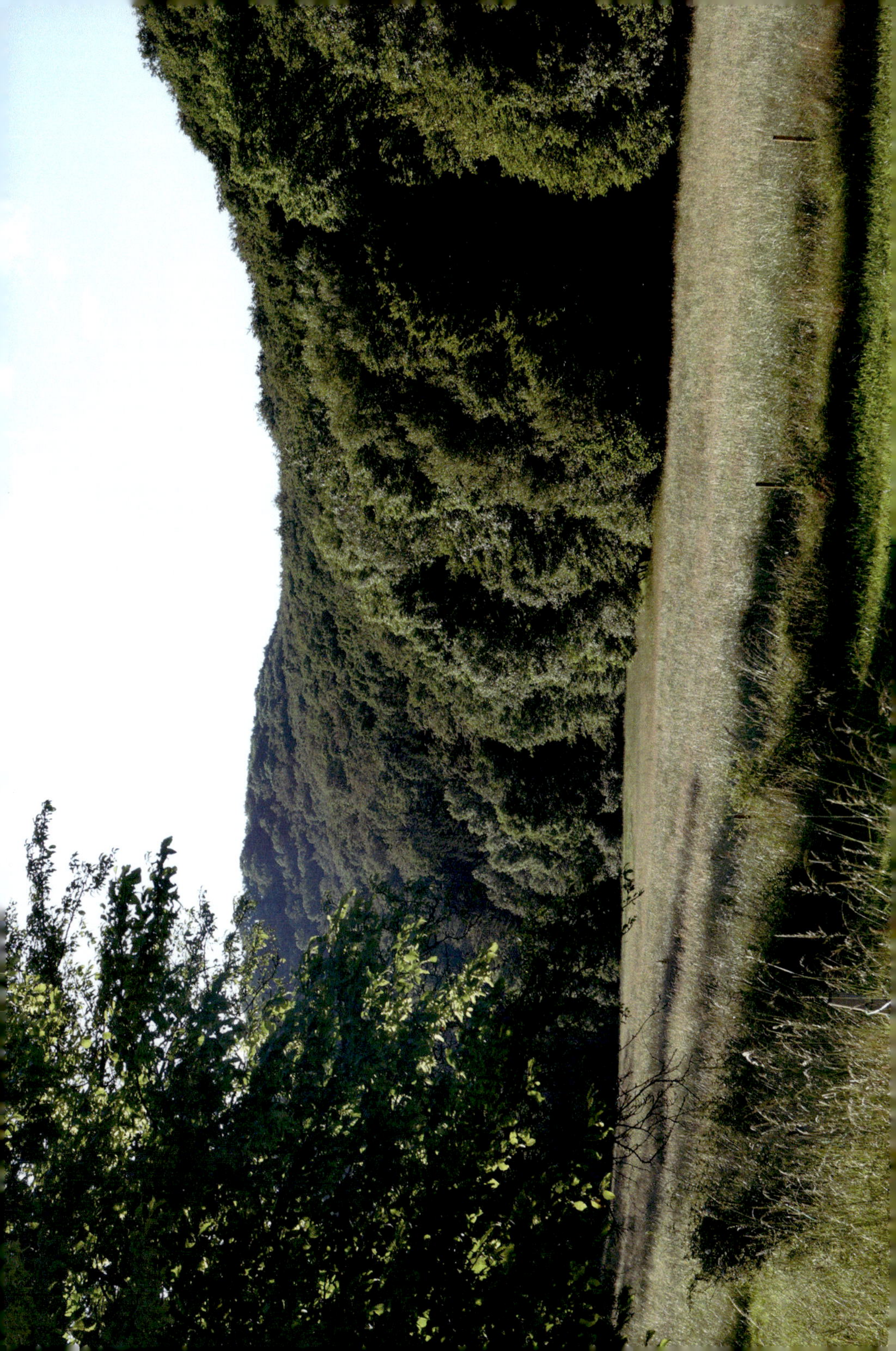

Bibliografische Information der Deutschen Nationalbibliothek:
Die Deutsche Nationalbibliothek verzeichnet diese Publikation
in der Deutschen Nationalbibliografie, detaillierte bibliografische
Daten sind im Internet über http://dnb.dnb.de abrufbar.

Fighter - Verlag:

978-3-00-049061-3

BoD-Books on Demand, Norderstedt

Inhalt

Vorwort

„Leben und leben lassen“ (Deutsches Sprichwort).

Unter diesem Motto möchte ich beginnen und ganz im Einklang und nach den Regeln der Shaolin-Philosophie agieren.

Das bedeutet klare Worte zu finden in Kombination mit tatsächlichem Inhalt, Emotionen und Gedankenfreiheit.

Diese Arbeit soll Aufklärungsarbeit im Sinne von Shaolin leisten und ist gleichzeitig eine Therapie. So verbleibe ich mit einem Shaolin-Segensspruch:

O Mi To Fo

Danksagung

Hiermit möchte ich meinem Meister danken, der mein Potenzial erkannte und mich in Shaolin unterwiesen hat.

Xie Xie Sifu Huang,

Shi Shen Ming

China

Die chinesische Kultur entstand im Osten Asiens und wurde durch das Kaiserreich von 221 v. Chr. bis 1912 und die Republik China, entscheidend politisch geprägt. Der Begriff China bedeutet im Chinesischen „Das mittlere Reich". Der westliche Name kommt vom Staat Qin und geht auf Kaiser Ying Zheng zurück, der in Zentralostasien das Großreich der Qin-Dynastie begründete und als Qin Shihuangdi (Erster Gottkaiser von Qin) in die Geschichte einging. Zu dieser Zeit wurde vieles vereinheitlicht, darunter die chinesischen Schriftzeichen, um so die Grundlage für einen vereinten Kulturstaat herzustellen. Die Geschichte Chinas umfasst seit über 5000 Jahren die Entwicklung der asiatischen Kultur, der Wissenschaft, der chinesischen Sprachen und Namen, der Philosophie, der chinesischen Küche, des chinesischen Volksglaubens, des Mythos sowie der traditionellen Medizin. Zu den Künsten des Reiches der Mitte gehören unter anderem die Musik, Literatur, Malerei, Architektur, Gartenkunst und die Kampfkunst. Die Sinologie beschäftigt sich als wissenschaftliche Disziplin mit dem Thema China. Das Land ist mit 9,5 Millionen Quadratkilometern so groß wie die USA oder von Europa bis hin zum Ural. Der größte Fluss ist rund 6400 Kilometer lang und trägt den Namen Jangtsekiang. Die Volksgruppen sind unter anderem die Han-Chinesen, welche die größte

Ethnie unter den Völkern bilden.

Das Kaiserreich

Die chinesische Kulturgeschichte ist über 3500 Jahre alt und geht in der Mythologie auf drei grundlegende Kaiser zurück.

Neueste Forschungen ergaben die Existenz der wohl ersten Dynastie im Altertum Chinas die Xia-Dynastie (1766 v. Chr.), ein Zusammenschluss mehrerer Stämme. Zu diesen Zeiten entstand womöglich auch das Volk der Hunnen, dessen 17. Mitglied des Königshauses durch eine Rebellion entmachtet wurde.

Darauf folgte die Shang-Dynastie (1570-1066 v. Chr.), auch Yin genannt. Hier entstanden die ersten Münzen, Wälle und Streitwagen. Ebenso existierte eine durchdachte Bürokratie.

Die folgende Dynastie, die Zhou-Dynastie (1045-221 v. Chr.) wurde in zwei Zonen unterteilt:

Die Westliche und die Östliche. Hier wurden durch Kriege, Heirat und Diplomatie, Zusammenschlüsse organisiert.

Die Dynastie gilt heute als Blütezeit der bedeutendsten Philosophen Chinas.

Die Qin-Dynastie (221-207 v. Chr.) gehörte zu den sieben Königreichen. Hier gab es eine gut organisierte Verwaltung und eine strikte Gesetzesgebung die zum Teil, das Leben der Bauern bestimmen sollte. Der Kaufmann Lü Buwei, verhalf dem Prinzen Zhuangxiang zum Thron und wurde so Kanzler. Nach dem Tode des Königs wurde der Sohn Thronfolger und als brutaler Herrscher bekannt. Er ließ sich schlussendlich zum Kaiser krönen und nannte sich fortan „Erster Gottkaiser von Qin“. Infolge dessen gab es eine Reihe von Reformen wie die Vereinheitlichung der Maße und Gewichte sowie der Schrift. Zum Schutz vor Nomaden wurden durch Zwangsarbeit, die Chinesische Mauer sowie Kanäle zum Transport von Waren gebaut.

Als 210 v. Chr. der Kaiser starb, wurde er in einer großen Anlage zusammen mit der berühmten Terrakottaarmee beigesetzt. Das Grab ist bis heute ungeöffnet. Im Zuge darauf folgender Bauernaufstände, wurde die Han-Dynastie (206-220 n. Chr.) begründet. Angesichts der verheerenden Zustände im Land, war der Han-Kaiser gezwungen, niedrigere Steuern und eine angemessene Landverteilung zuzulassen. Dieser Umstand verschaffte dem Land in der Geschichte dieser Dynastie eine Blütezeit. So wurden die Chinesen auch als die sogenannten Han-Chinesen bezeichnet. Nach der Vereinigung der Staaten entlang der Seidenstraße existierte eine indirekte Handelsbeziehung mit dem Römischen Reich. Auf diesem Weg gelangte auch der Buddhismus nach China. Staatsphilosophie, wurde allerdings der Konfuzianismus der in dieser Form, noch etwa zwei Jahrtausende existierte. Durch die Übernahme des Thrones von Wang Mang (8-25 n. Chr.), endete die westliche Han-Dynastie.

Was folgte war die östliche Dynastie. Durch den Aufstand der so genannten gelben Turbane, wurde das nunmehr geschwächte Land endgültig destabilisiert.

Im Jahr 220 nach dem letzten Han-Kaiser regierten drei Mächte das Reich. Der Herrscher der Wei, Cao Cao der Ländereien am gelben Fluss kontrollierte. Kanzler Shu verbarg sich in der Provinz Sichuan. Sun Jian hielt das Land nahe des Jangtsekiangs besetzt. Durch zahlreiche Überlieferungen in Form von Theaterstücken und Geschichten von Helden, wurde diese Epoche unter den Chinesen, zu einer der populärsten ihrer Geschichte. Sima Yan, Minister der Wei, beendete die Teilung. Er setzte Kaiser Cao Huan ab und übernahm dessen Amt als nächster Kaiser. Ihm gelang es, die anderen Teile des Landes wieder zu vereinen.

Die Jin-Dynastie (265-420)

Hier wurden Machtkämpfe zwischen den Brüdern des Oberhauptes ausgetragen.

Dieser Umstand wurde von dem Nomaden Xiongnu schamlos ausgenutzt. Er nahm den Kaiser der Jin gefangen und ließ ihn töten. Der Selbe war jedoch nicht in der Lage, eine stabile Regierung zu bilden , was Teile des Landes ins Verderben stürzte. Ein Verwandter des getöteten, ehemaligen Kaisers besetzte das restliche Land. Somit wurde die östliche Jin-Dynastie begründet.

Die südlichen und nördlichen Dynastien (420-581)

Nach dem Ende der Dynastie-Jin etablierten sich zwei Machtgruppen - die nördliche Dynastie am Gelben Fluss und eine nationale südliche Dynastie am Jangtsekiang. Beide Parteien konnten trotz dauernder Kämpfe keine Einigung des Landes herbeiführen. Daraus resultierte eine Stärkung des Militärs. In 150 Jahren gab es jeweils gleich vier Dynastien. Das Militär setzte immer wieder den Kaiser ab und stellte sich an die Spitze der Regierung. Nördlich hielten sich lange die Wei an der Macht. Dennoch teilte sich ihr Reich in zwei Teile. In dieser Zeit gelangte auch eine neue Religion zur Blüte, der Buddhismus. In einigen Teilen des Landes wurde er zur Staatsreligion ernannt. Zu jener Zeit entstanden viele Klöster.

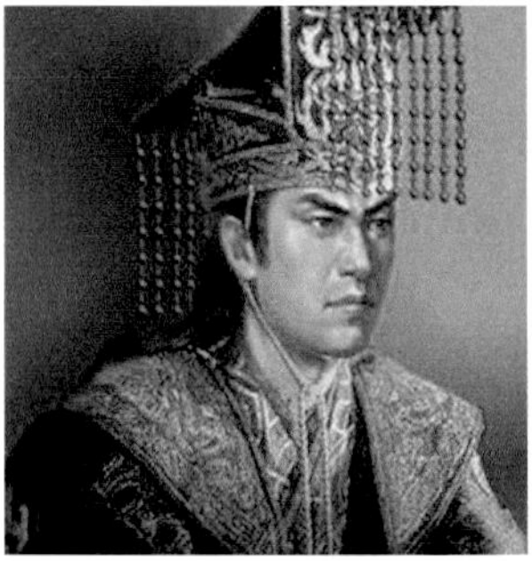

Xiao Wen Di

Kaiser der nördlichen Wei-Dynastie und Auftraggeber

zum Bau des heute

weltbekannten Shaolin-Klosters.

Shaolin

Der Shaolin-Tempel, auf chinesisch „Shaolin Si“ (der Tempel des bewaldeten Berges), liegt ca. 80 km von Luoyang (der einstigen Hauptstadt Chinas) in der Provinz Henan am Song Shan (einem der fünf heiligen Berge des Landes) und wurde 495 n. Chr. auf Geheiß des damaligen Kaisers ,von dem indischen Mönch Ba Tuo gegründet und ist somit bereits über 1500 Jahre alt. Die Entwicklung des Klosters bestand aus Höhen und Tiefen. So wurde es mehrere Male niedergebrannt. Es hatte aufgrund seiner Leistungen, viele Privilegien und ist heute Unesco-Weltkulturerbe. Der Tempel ist Ursprungsort des Kung-Fu sowie Sammelpunkt menschlicher Kampfkunsttechnik schlechthin. Des Weiteren gilt das Kloster als Wiege des Chan-Buddhismus, den wir anschließend noch beschreiben werden.

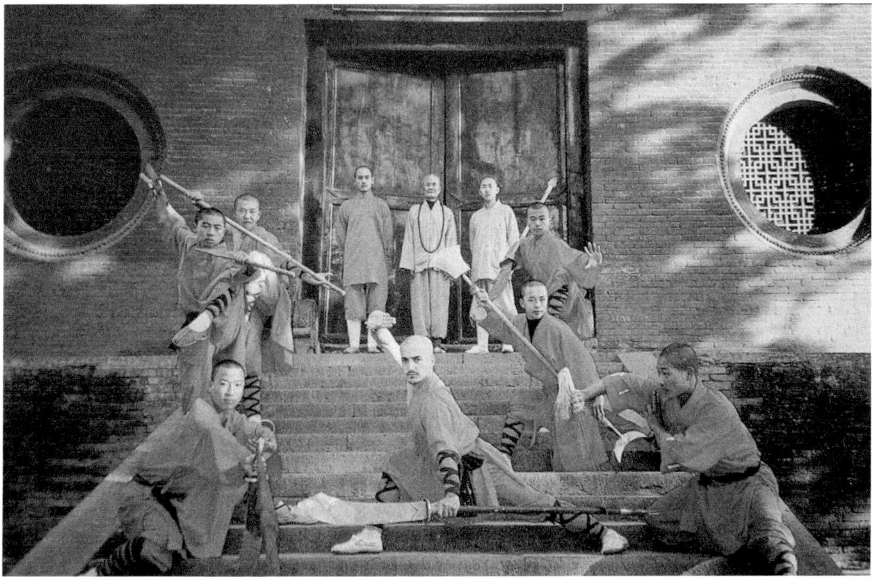

Aufgrund der toleranten Haltung des Chan, wurden auch viele Nicht-Buddhisten, wie abgedankte Beamte, Generäle, Soldaten und Kämpfer welche ihr Wissen mit einbrachten, aufgenommen und die Shaolin und die Kampfkunst entscheidend prägten.

Bekannt geworden durch Film und Fernsehen, kann man heute die Spuren von Shaolin weltweit verfolgen. So gibt es einige Ableger des Klosters in allen Teilen der Welt. Spanien, England, Amerika, Deutschland. Alle fördern das Ziel, das Kulturgut Shaolin zu erhalten.

527 kam der indische Mönch Bodhidharma (um 440), Sohn von König Sughanda, nach China und ließ sich im Shaolin-Tempel nieder. Sein Wissen führte zu einer Reformation des Buddhismus und zur Entstehung des reinen Chan (jap. Zen), sowie zur Entwicklung einer einzigartigen Kampfkunst.

Seine Gedanken waren so neu, dass sie alles bis dahin Bekannte in den Schatten stellte. Der Chan - sanskritisch „Dhyana" für Meditation oder der siebte Schritt des Radshas Yoga - ist keine Religion, sondern eine Achtung und Praktik der Natur und ihrer Vorkommnisse in der Gesamtheit.

Chan ist der geistige Weg des Kriegers oder auch des Kämpfers, wenn sich Technik, Geist und Seele in einem Punkt vereinen. Meditation bildet die Praxis der Chan-Philosophie. Sie dient der Sammlung des Geistes und seiner Gedanken, um so die Erleuchtung zu fördern. Um die Strapazen dieser Übung zu kompensieren, entwickelten die Mönche von Shaolin, aus bereits bekannten Aufwärmübungen und Techniken, weiterführende Übungen zur Schulung von Körper und Geist, die sich zum Schluss in einem neuen und aktuellen Kampfkunstsystem manifestieren sollten. Dieses System der Kampfkunst, mit vielerlei Vorteilen hat bis heute überdauert, wurde es doch von den Mönchen Jahrhunderte lang praktiziert und geheimgehalten. Um dieses Wissen auf Dauer zu schützen

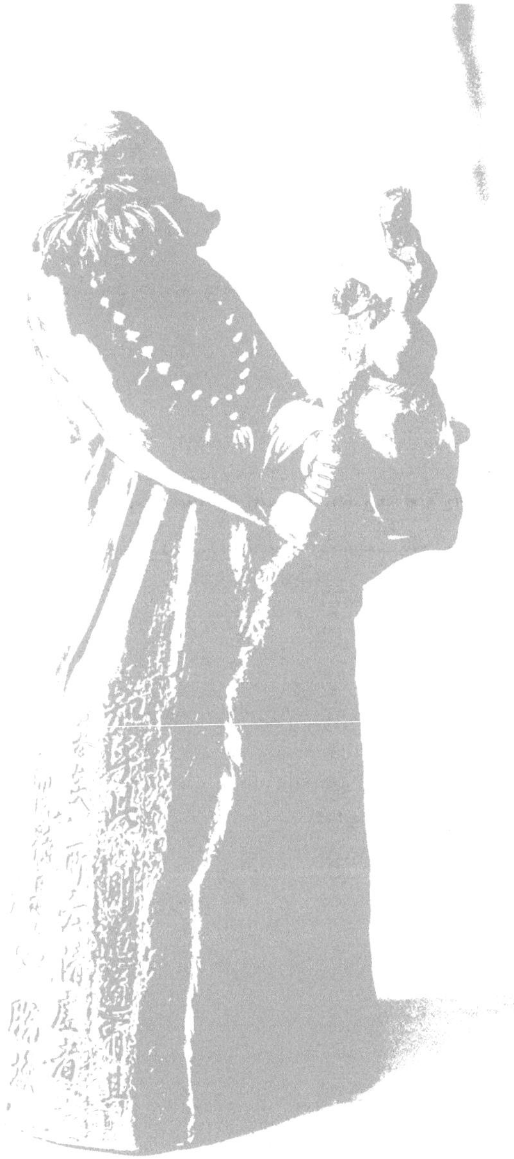

Bodhidharma -
Begründer des Kung-Fu und des Chan-Buddhismus

wurde beschlossen, die Kampfkunst teilweise der Öffentlichkeit zugänglich zu machen, wobei die höchsten Formen immer ein Geheimnis bleiben werden, gilt es doch den Missbrauch einer tödlichen Waffe zu verhindern.

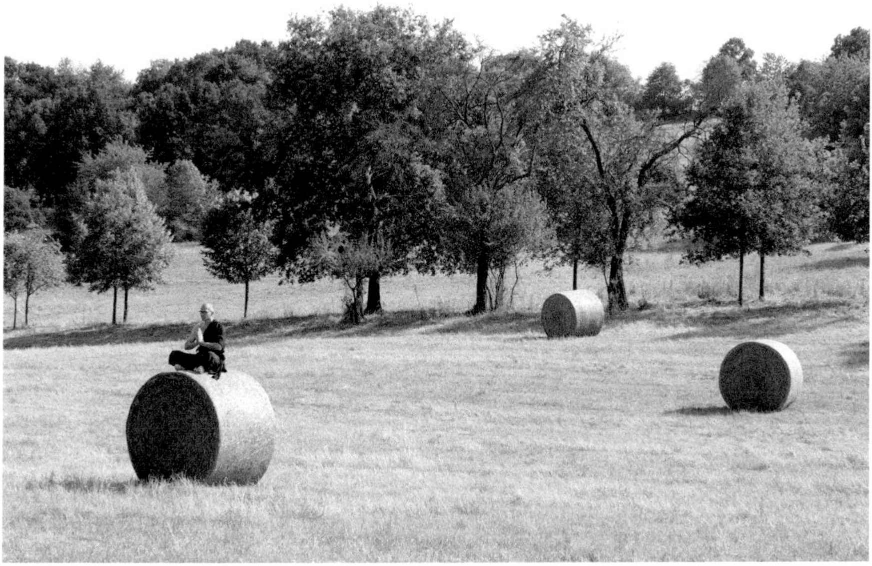

Kampfkunst im allgemeinen sind Stile, die verschiedene Fähigkeiten in der Kampftechnik in Bezug auf eine ernsthafte Auseinandersetzung mit einem Gegner darstellen. Dabei handelt es sich um sogenannte komplexe Kampfkunstsysteme.

Im Vergleich zur Kampfkunst steht der Kampfsport. Hier geht es um den sportlichen Wettkampf. Kampfkunsttechniken wurden in der Vergangenheit auch an die Polizei und das Militär weitergegeben.

Das Wort

Der Begriff Kampf steht für die Konfliktaustragung unter Gegnern und ist mit einem bestimmten Motiv verbunden.

Kunst ist nun als Können beziehungsweise als Fertigkeit im Kampf zu deuten.

Geschichte

Traditionelle Kampfkünste sind mit dem Ziel verbunden, Menschen auf militärische Gefechte vorzubereiten. So wurden in vielen Kampfkünsten waffenlose und bewaffnete Disziplinen unterrichtet.

In einigen Stilrichtungen hat sich das Gewicht auch auf die Charakterschulung verlagert. Diese Schulung sollte auch der Selbstfindung und Vervollkommnung des Ausübenden dienen.

Kampfkunst und - Sport

Kampfsport ist das kommerzielle und organisierte Messen der Fähigkeiten von Gegnern in einem Wettkampf. Es geht darum, den anderen zu besiegen.

Kampfkunst ist im Gegensatz dazu auf die eigene Vervollkommnung des Stiles ausgerichtet. Überall dort, wo es Konflikte gab, wurden auch Kampfkünste mit den unterschiedlichsten Zielen ausgeübt. So kann ihre korrekte Ausübung den Körper in hohem Maße stärken. Dazu kommen der Geist sowie eine Harmonisierung der Seele.

Kung-Fu

Kung-Fu bedeutet das harte Arbeiten an sich selbst, durch die Ausübung verschiedenster Techniken sowohl mit als auch ohne Waffen.

Folgende Seite:
Wandmalereien in den ehrwürdigen Hallen des Shaolin-Klosters

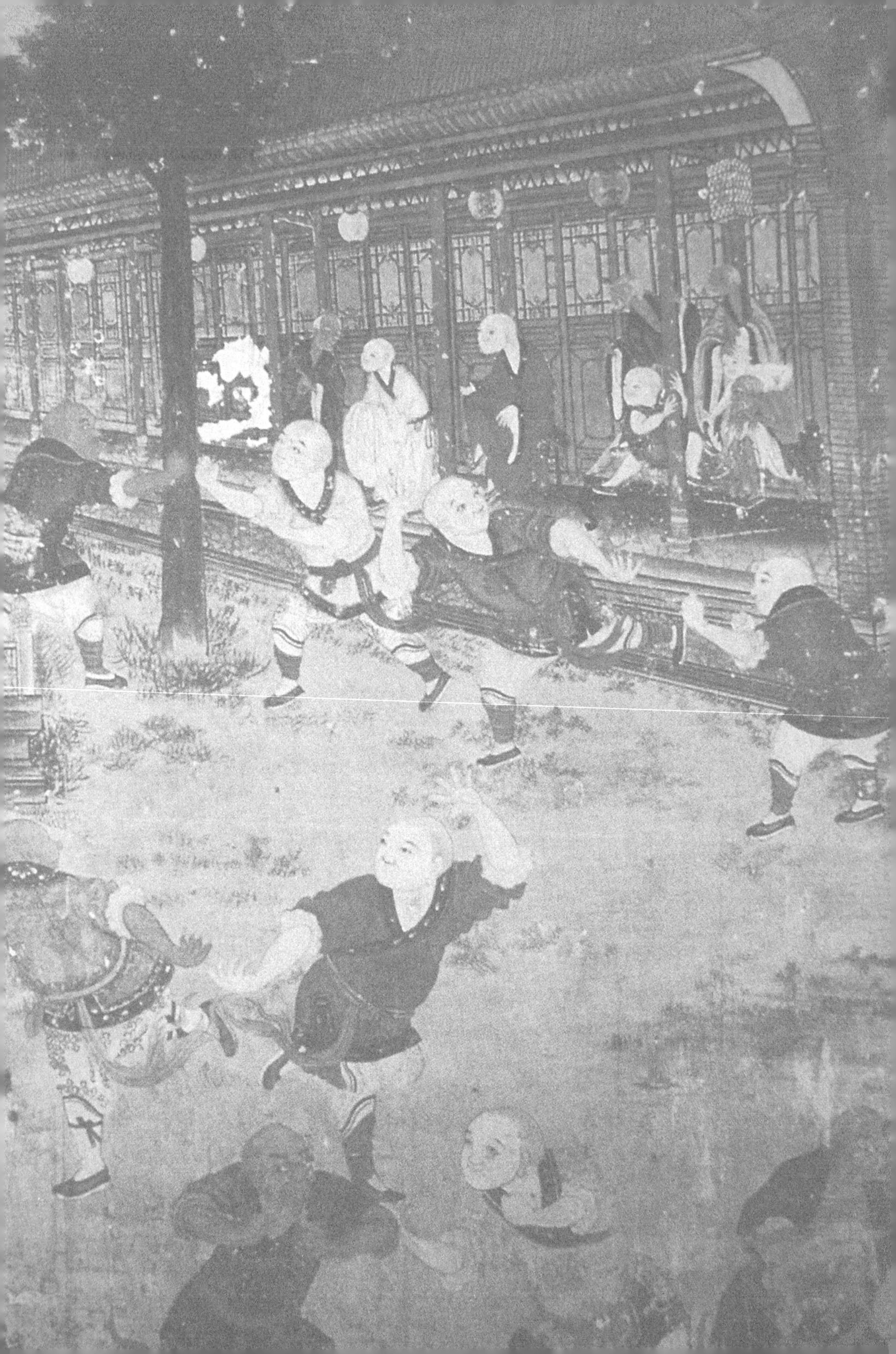

Entwicklung

Die Entwicklung der Kampfkunst selbst liegt viele tausend Jahre zurück. Hier wurden Übungen praktiziert, um sich selbst zu schützen. Dies ging nach vielen Jahren in eine Kunstform über und bündelte sich letztendlich im Shaolin. Das Resultat war etwas Einzigartiges, Eigenständiges und Nützliches, das dem Tempel viele Jahrhunderte lang Ruhm und Glanz bescheren sollte.

In der Blütezeit des Kung-Fu hielten sich über 2500 Kämpfer im Shaolin-Kloster auf. Sie praktizierten in hohem Maß die neue Kampfkunst - mit der bloßen Hand sowie mit umfangreichen Waffen.

Taten

Die Fertigkeiten, welche die sogenannten Kampf-Mönche durch ein zwölfjähriges Studium erlangten, blieben dem Volk natürlich nicht verborgen. Diese Kämpfer genossen in der Bevölkerung ein hohes Ansehen nicht zuletzt auch aufgrund ihrer hohen Integrität, ihres Gerechtigkeitssinnes und ihrer Prinzipien wie Toleranz, Würde und Ehrenkodex.

Im Jahr 621 n. Chr. herrschte Krieg zwischen Li Shimin und dem General

Nächste Seite:
Abbildungen von der legendären Schlacht

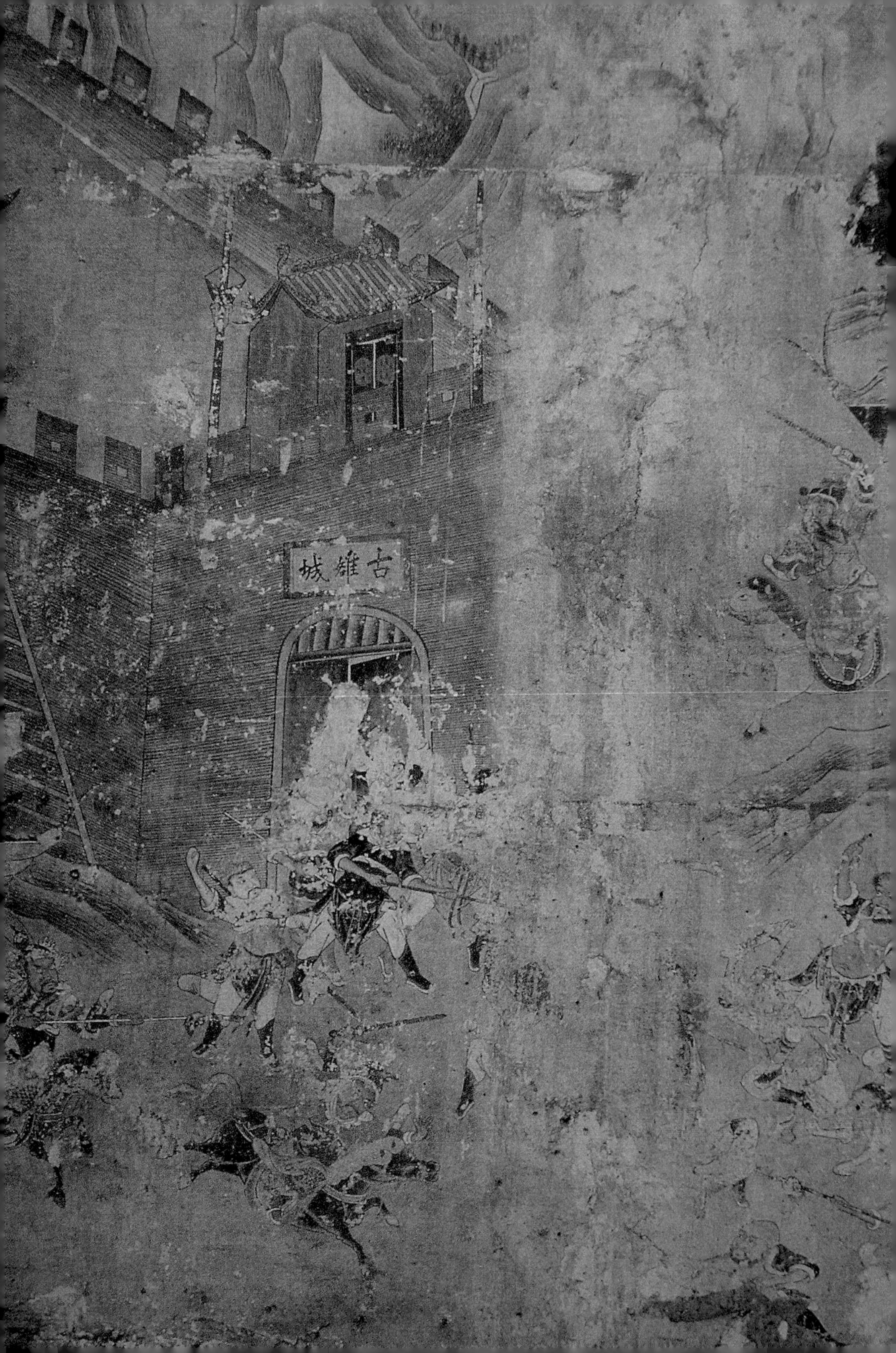
古雄城

Wang Shi Gong. Um diesen Umstand zu beenden, wurden die Mönche von Shaolin gebeten, sich Shi Gong in der Schlacht von Qianglingkou entgegenzustellen. Dreizehn Stock-Mönche rückten aus und schlugen die Armee des Gegners vernichtend und wurden dafür vom neuen Tang-Kaiser Reich belohnt. Der Shaolin-Mönch Tang Zong wurde zum General ernannt und das Kloster bekam vierzig Hektar Land zu gesprochen. Die Mönche erhielten die Erlaubnis, zum Schutz des Tempels eine eigene Armee zu bilden.

Shaolin Chi Kung

Das Chi Kung ist die Arbeit in der Kampfkunst zur Stärkung der Energie. Nach Ansicht der Mönche verfügt der Mensch über eine innere, eigene Energie, das sogenannte „Chi", das durch bestimmte Übungen, positiv und auch negativ beeinflussbar ist.

So wurden durch einen tiefen Bezug zur Natur, der sich nach Jahren des Trainings einstellt, Techniken für Arme, Beine, Körper und innere Organe entwickelt. Wir unterscheiden hier zwischen dem inneren weichen und harten äußeren Chi Kung. So verwendet man das Erstgenannte zur Gesundheits- und Kraftentwicklung. Zum Zweiten dient es dazu, die Energie mithilfe der Konzentration nach außen hin anzuwenden. So zum Beispiel das Durchdringen einer Melone mit den Fingern, das Ausschalten

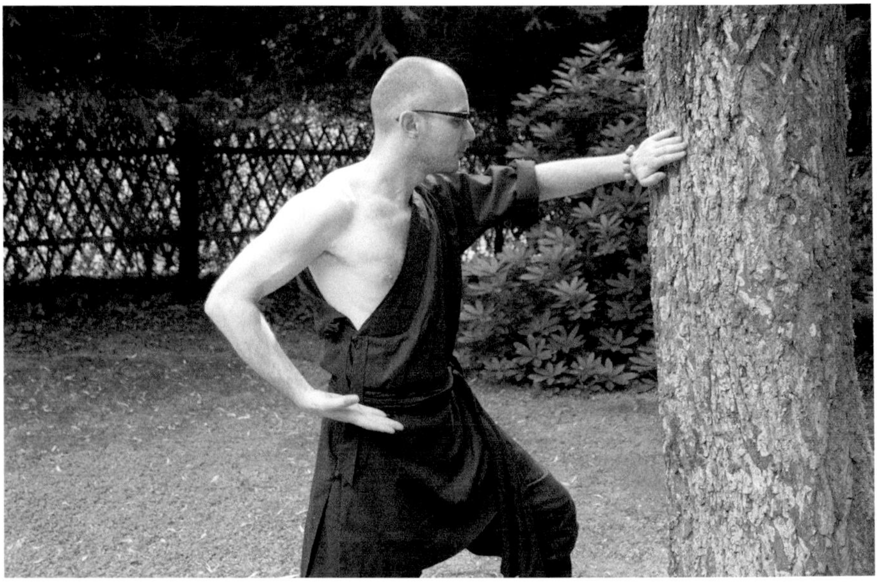

eines Gegners ohne jede Berührung oder das Löschen einer Kerze durch eine Wand hindurch.

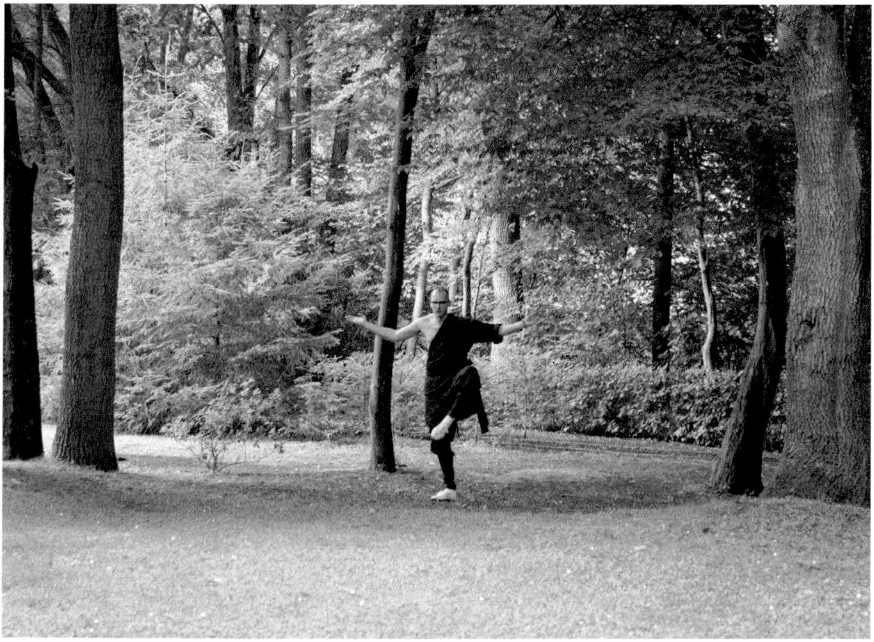

Tai Chi Chuan

Im Tai Chi wie auch im Kung-Fu existieren viele Herkunftslegenden und die unterschiedlichsten Stile.

Die Übungen des Shaolin Tai Chi beinhalten sowohl harte als auch weiche Bewegungen. Der Shaolin-Stil in den Künsten, ist sowohl der ursprünglichste, als auch der am weitesten entwickelte seiner Art.

„Stand eine Junge, mit dem richtigen Potenzial und Ambitionen, ein ganz Großer in der Kampfkunst zu werden.“ (Huang C. Aguilar)

Geboren am 11. Oktober 1979 und aufgewachsen in der ehemaligen DDR, einer Diktatur und dann unter demokratischen Verhältnissen im wiedervereinigten Deutschland, begriff ich doch erst so richtig nach meiner Lehre in der Kampfkunst was es bedeutet, in Freiheit leben zu können. War ich doch zuvor immer, mal mehr, mal weniger für sämtliche Dinge eingespannt gewesen. Bis mir letztendlich, durch Shaolin die Augen geöffnet wurden. Ich erkannte, dass es nicht meine Aufgabe war, es anderen Recht zu machen, sondern mich mit Hilfe der Kampfkunst zu entwickeln und voranzubringen. Ruhm, Ehre und Meisterschaft. Meisterschaft, egal worin, ist immer auch die Freiheit, sich ausleben zu können. Das hat mich von Anfang an fasziniert und angetrieben. 1997 begann ich damit, meine Vorstellungen von Shaolin und Kampfkunst in einem Training umzusetzen, um so der Sache etwas näher zu kommen. Ich suchte mir neben meiner regulären Schulzeit und meinem späteren Zivildienst immer wieder Übungen, Techniken und Wissen aus verschiedenen Medien zusammen und trainierte bis zur Erschöpfung. Vier Stunden täglich, sieben Tage die Woche. Ich nahm mir Leitsätze zu Herzen wie „ Training kennt keinen

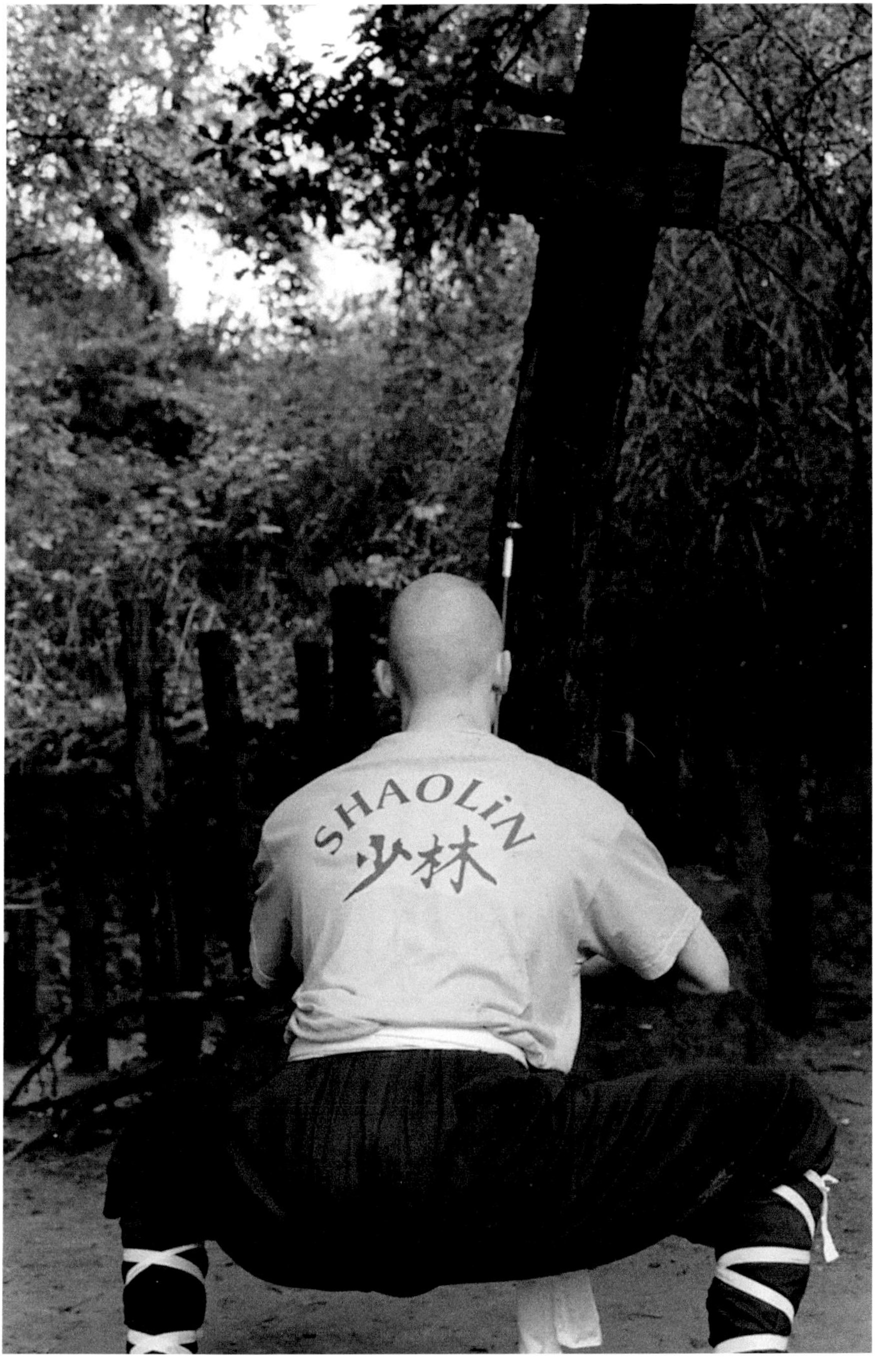
SHAOLiN
少林

Urlaub" und „Nur wer bereit ist zu leiden, kann ein Meister werden". Um meinem Ziel wieder einen Schritt näherzukommen, beschloss ich zu meinem achtzehnten Geburtstag - nunmehr war ich volljährig -, eine Bildungsreise nach China zu unternehmen. Allen Einwänden und Widerständen zum Trotz flog ich dann im Oktober für ein paar Tage nach Hongkong, um zu entspannen und neue Eindrücke zu gewinnen. Natürlich war ich zu dieser Zeit noch nicht so selbstsicher wie heute. Immerhin war das mein erster Auslandsaufenthalt und ich war super nervös. Mir gingen tausend Dinge durch den Kopf: Was wäre, wenn...? Wieder nahm ich mir eine Weisheit zu Herzen, diesmal von meiner Großmutter „ Von dem, Wenn ich und hätte ich liegt die ganze Nervenklinik voll". Das gab mir Kraft. Schon auf dem Flug war alles anders. Ich lehnte mich zurück und genoss die Eindrücke des Fluges mit einer so großen Maschine. Beeindruckend! Nach zwölf Stunden in der Luft würden wir laut Kapitän den Zielflughafen erreichen. Alle schauten, unter uns lag Hongkong. Wirklich, alles andere als langweilig. Wir setzten zur Landung an. Auch hier wieder alles gut, keinerlei Probleme. So macht fliegen Spaß. Angekommen im Flughafen, war ich doch sehr angetan von dem internationalen Niveau, das dort vorherrschte. Keine Provinz. Eine sehr befreiende Tatsache. Wirklich angenehm. So konnten die nächsten Tage weitergehen. Um es kurz zu machen, eine wirklich spannende Reise, die alles abverlangte, was ich bis-

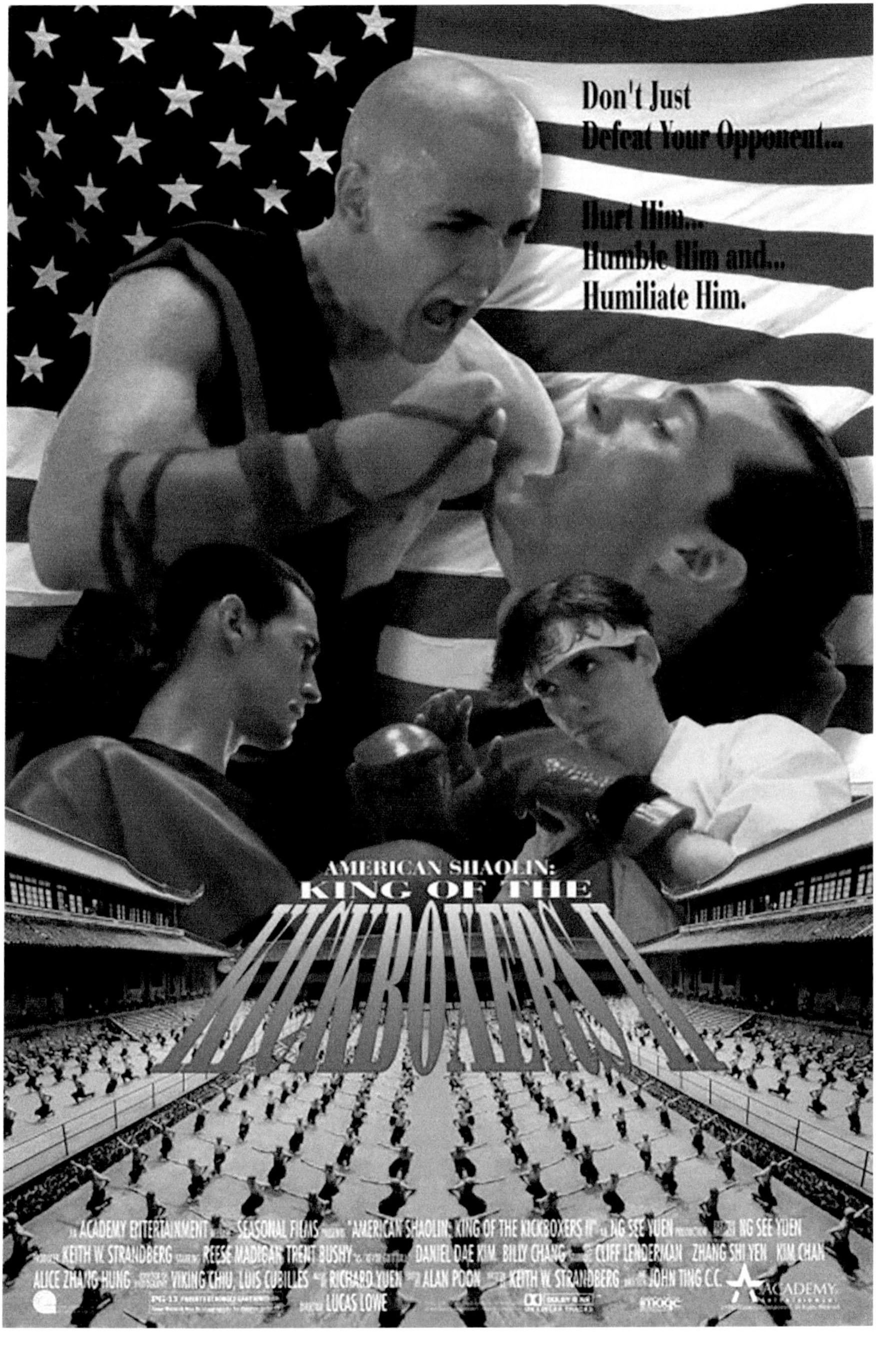
Don't Just
Defeat Your Opponent...
Hurt Him...
Humble Him and...
Humiliate Him.
AMERICAN SHAOLIN:
KING OF THE
KICKBOXERS II
ACADEMY ENTERTAINMENT
SEASONAL FILMS
"AMERICAN SHAOLIN: KING OF THE KICKBOXERS II"
NG SEE YUEN
NG SEE YUEN
KEITH W. STRANDBERG
REESE MADIGAN TRENT BUSHY
DANIEL DAE KIM BILLY CHANG
CLIFF LENDERMAN ZHANG SHI YEN KIM CHAN
ALICE ZHANG HUNG
VIKING CHIU, LUIS CUBILLES
RICHARD YUEN
ALAN POON
KEITH W. STRANDBERG
JOHN TING C.C.
LUCAS LOWE
ACADEMY

her nicht kannte. Mit reichlich Eindrücken und grenzenloser Hoffnung und Optimismus im Gepäck machte ich mich auf die Heimreise. Zuhause angekommen nahm ich das Training wieder auf, ohne zu ahnen, was mich demnächst noch Angenehmes erwarten wird. Zwei Monate später - 1998 - erfuhr ich dann von einem Seminar mit einem echten Shaolin-Mönch in Berlin. Mein Bruder war zu dieser Zeit dort und stieß wohl zufällig auf diese Veranstaltung. Wie auch immer, das war die Chance für mich. Also machten wir uns zu gegebener Zeit auf den Weg.

Der Kontakt

Angekommen in Berlin, ging es auch gleich zum Seminar.
Was soll ich sagen, schon die ersten Stunden waren sehr überwältigend. Ein Mann mit sehr hoher Ausstrahlung. Seine Ausübung der Techniken vollkommen. Und das Training knallhart. Mit meinem Trainingstempo von zuhause kaum zu vergleichen. Aber das war ja erst der Anfang. Ich wusste nur eins, ich wollte diesen ehrenwerten Meister von meinen Qualitäten überzeugen. Der erste Trainingstag war zu Ende und ich konnte kaum laufen, geschweige denn Treppensteigen. Die nächsten Tage gingen ähnlich, wenn auch etwas leichter vorüber.
Dann , zum Ende des letzten Tages , sprach der Meister mich an und bat

mich, meine Adresse aufzuschreiben. Ich fühlte mich natürlich sehr geehrt und sah gleichzeitig die ungläubigen Gesichter der anderen. Das war mir in diesem Moment egal. Was ein guter Meister sagt ist Gesetz.

Das Training

Dieser Vertrauensbeweis gab mir bis zum nächsten Seminar die Gelegenheit, mich als würdig zu erweisen. Also fing ich an, das Erlernte weiter zu trainieren. Ich suchte mir einen geeigneteren Trainingsplatz draußen, wie in Original. Auch die Mönche trainierten in der Regel eher draußen. Hier trainierte ich jeden Tag. Ob Sommer ob Winter, vier Stunden täglich. Aufgrund des harten Trainings sollte ich bald ein weiteres Opfer bringen. Mein erster Bruch, das Handgelenk. Das hieß, mindestens einen Monat pausieren. Und kein Training, einfach schrecklich. Aber auch so etwas kam bei dem harten Training der Mönche gelegentlich vor. Gut ein Jahr darauf war ich mit meinem nunmehr Meister telefonisch im Kontakt, als er mir direkte Instruktionen zum Ablauf meiner Lehre gab. Zu meinem Erstaunen, sollte ich in Deutschland weiterarbeiten, da er wenig Zeit hatte und das Kloster in China für Ausländer in dieser Zeit geschlossen wurde. So handelten wir sozusagen einen Kompromiss, über ein Seminar gestütztes Einzeltraining aus. Ich verpflichtete mich, noch härter zu trainieren und er überprüfte im

Gegenzug, auf den weiteren Seminaren, wie weit ich gekommen war. Wer sich hier auskennt weiß, dass diese Form des Trainings, noch mehr Willen und Ausdauer abverlangt wie normalerweise üblich.

Trainingsinhalte

Im Zentrum des Trainings stehen die sogenannten 18 Lohan - Faustkampf-übungen. Diese wurden nach längerer Entwicklungszeit durch den Xi-nyi-Faustkampf bereichert. Es gibt hunderte Arten des Kampfes. Überliefert wurden an die hundert Stück, die sogenannten Stile wie Xiaohong, Dahong, Tongbi, Pao, Luohan, Yuan, Qixing, Rou und Meihua.

Das Training umfasst sowohl innere als auch äußere Übungen, die kraftvoll, gepaart mit innerer Ruhe ausgeübt werden.

Hier wird zwischen Übungen mit und ohne Waffen sowie Partnerübungen für den Kampf unterschieden.

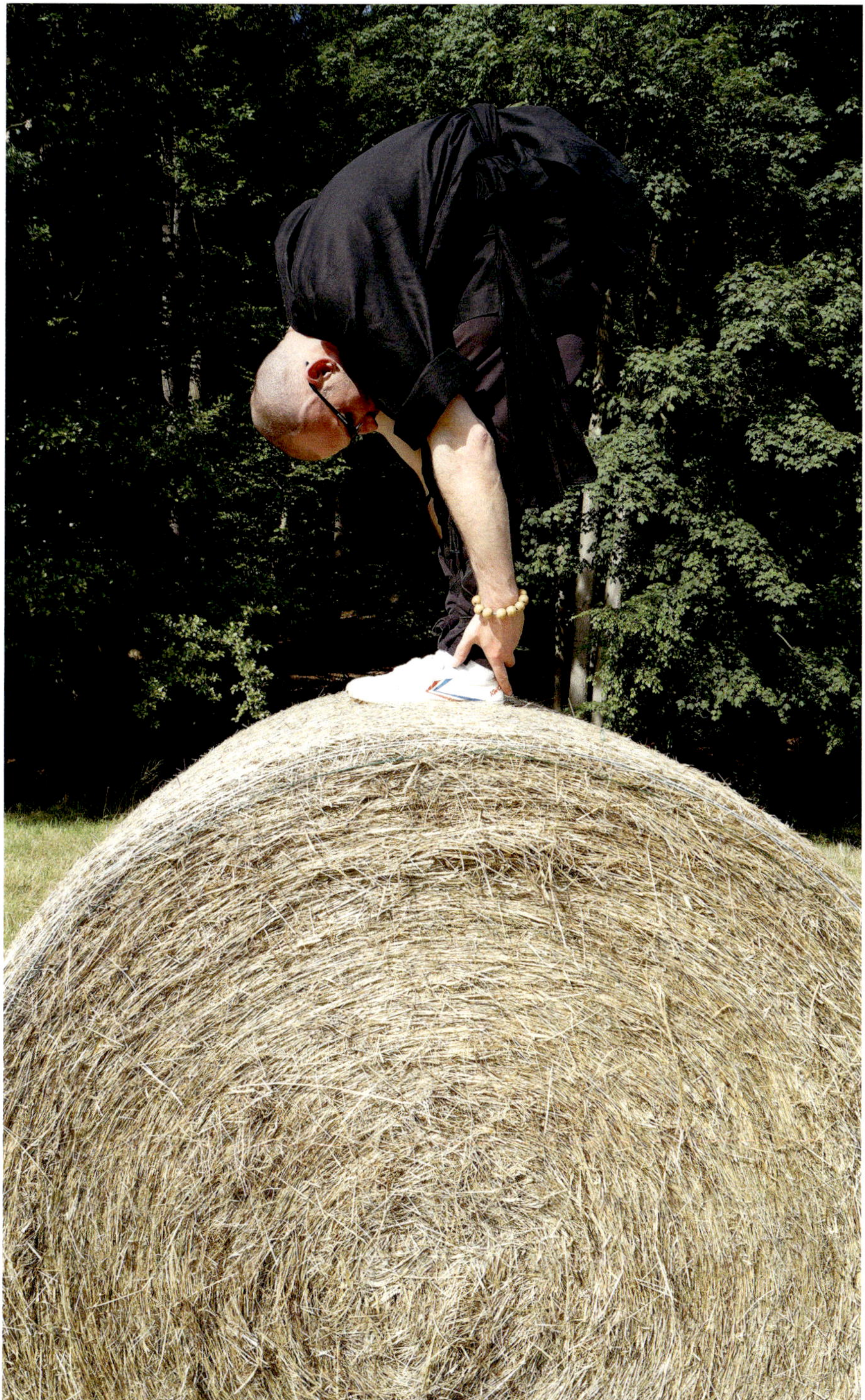

Huang Aguilar

Der Großmeister, Abt und Autor begann bereits im frühen Kindesalter damit, sich den Kampfkünsten Asiens zu widmen.

Bevor er seine Lehre im Shaolin-Kloster in China 1995 begann, hatte er schon einige Studienjahre in verschiedenen Kampfsport- und Kunstarten gemeistert, wie dem Tai Chi, Karate, Judo, Boxen, Wing Tsun. Des Weiteren gewann er zweimal einen Weltmeistertitel und wurde in die „Hall of Fame“ aufgenommen, wo er unter anderem Hollywoodgrößen wie Chuck Norris und Cynthia Rothrock treffen konnte.

Ab 1990 begann er, sich und seine Arbeit auf den legendären und einzigartig höheren Stil des Shaolin Kung-Fu zu konzentrieren.
Er besuchte unzählige Male das Kloster und dessen Kung-Fu - Schule, für ausländische Studenten wo er sich reichlich Wissen und Können (Faustformen, Waffenformen, Chi Kung, traditionelle chinesische Medizin und Chan-Buddhismus) aneignete worauf er bald als würdiger Schüler erkannt und angenommen wurde. Nach seinem Studium wurde er aufgrund seiner herausragenden Leistungen, als Shaolin-Mönch anerkannt. Er gründete daraufhin einen Tempel in seinem Heimatland Spanien, um so den kulturellen Wert des Shaolin zu fördern.

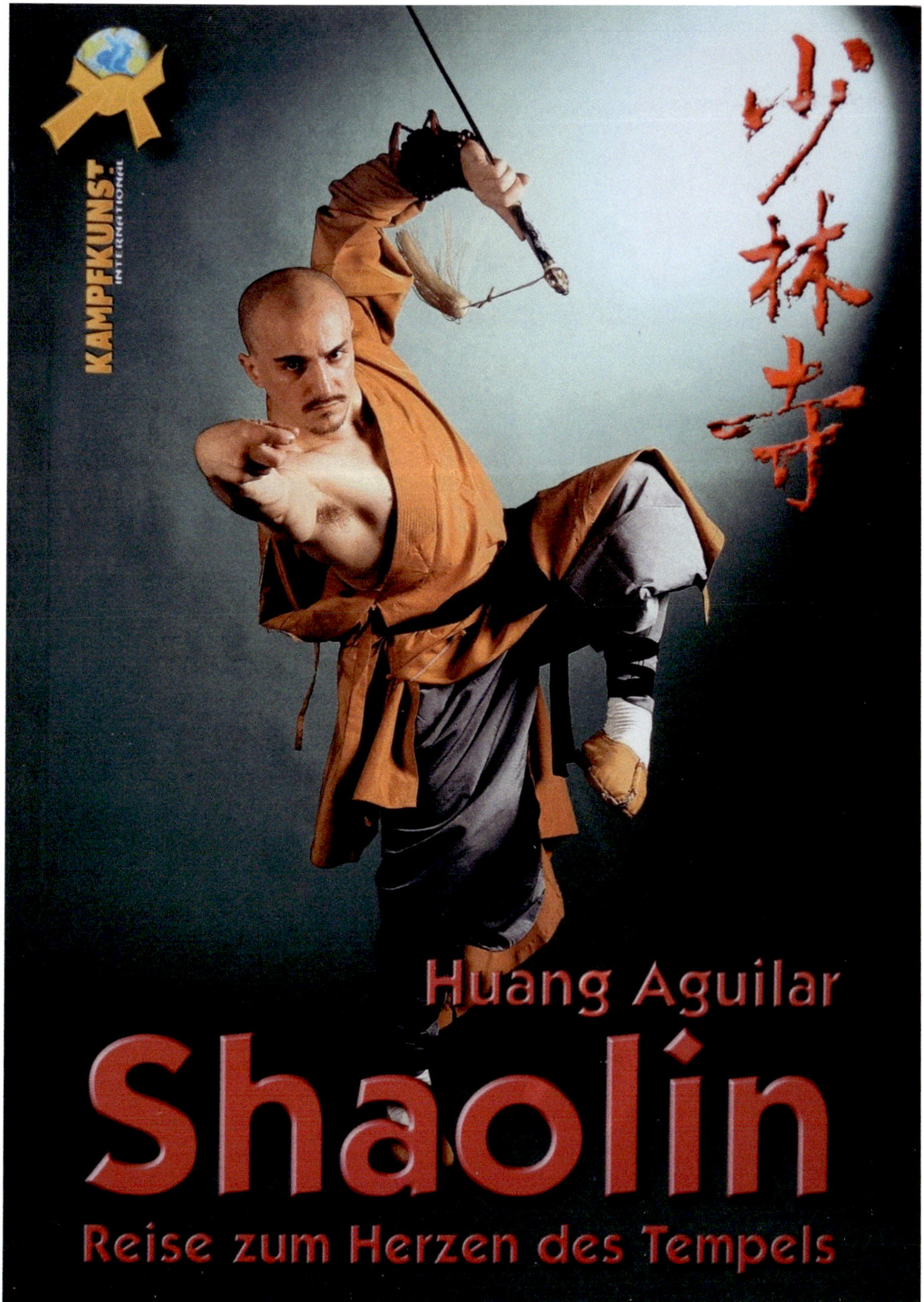
KAMPFKUNST INTERNATIONAL
少林寺
Huang Aguilar
Shaolin
Reise zum Herzen des Tempels

Die Gründung

Neben meiner Ausbildung zum Kung-Fu Meister gründeten wir den Verein „China Henan Song Shan Shaolin Tempel Kung-Fu Assoziation Nordhausen e. V.", der die Herkunft unseres Wirkens beschreiben sollte.

Der Verein wurde 1999, im Jahr seiner Gründung durch die Anwesenheit von Shaolin-Mönch Huang Aguilar symbolisch eingeweiht. Aufgabe ist es nach wie vor, die Kampfkünste Asiens zu fördern und durch Seminare zu bereichern.

Grundlage bildet das traditionelle Training von Shaolin und Samurai welches regelmäßig praktiziert wird, um Original arbeiten zu können.

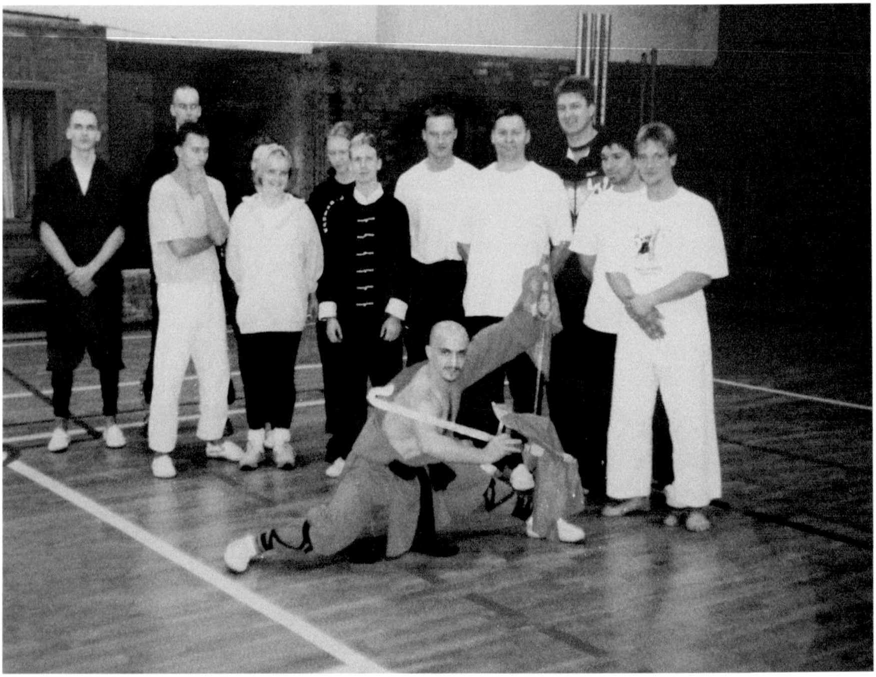

Weiterbildung

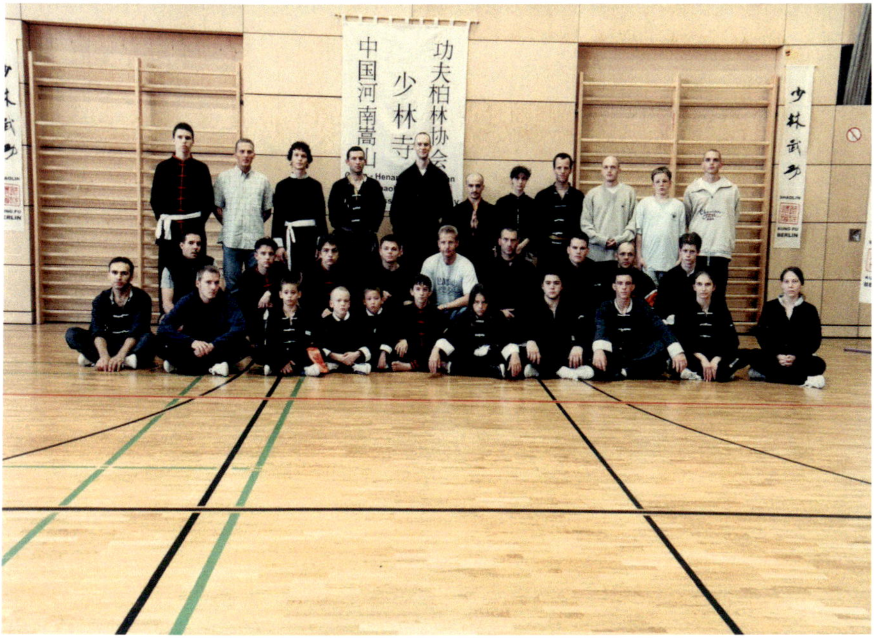

Es folgten weitere Seminare, in deren Verlauf ich die nächsten Anweisungen bekam und gleichzeitig überprüft wurde. Nach Ablauf der Zeit würde die Prüfung dann direkt in Spanien stattfinden.

Weitere Seiten:
Lehrschriften meines Meisters zum Training

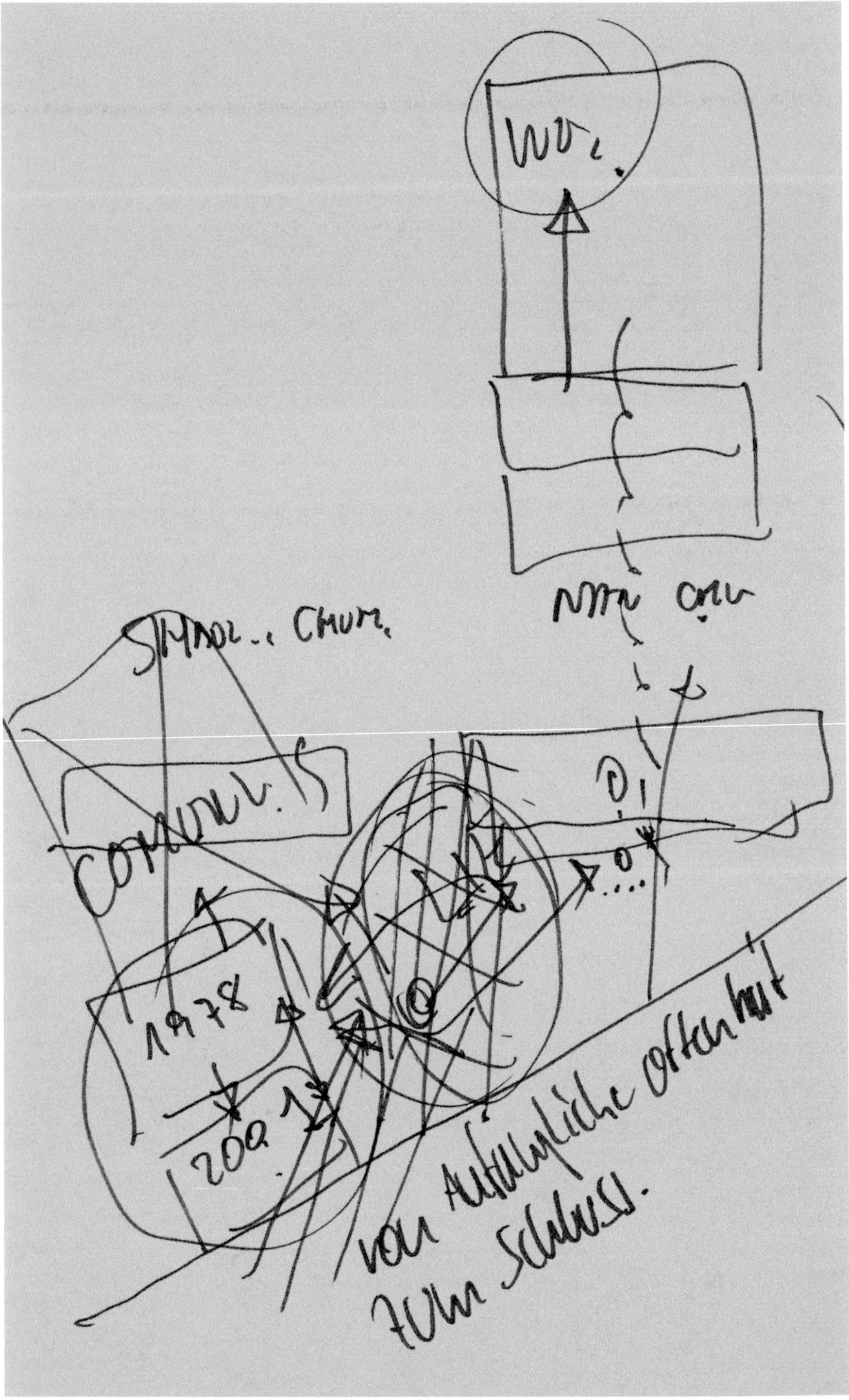
1978
von anfänglicher Offenheit
zum Schluss.

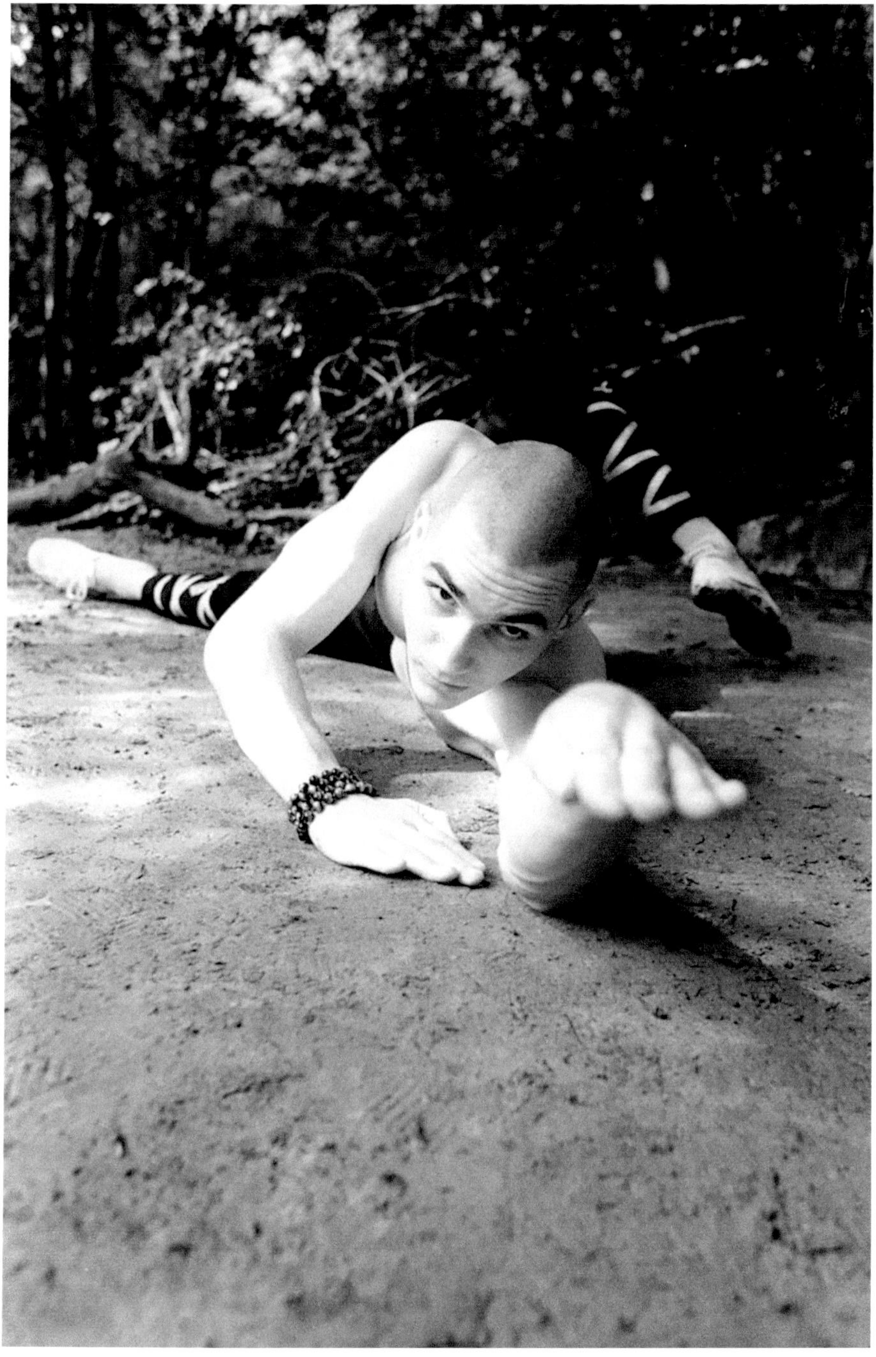

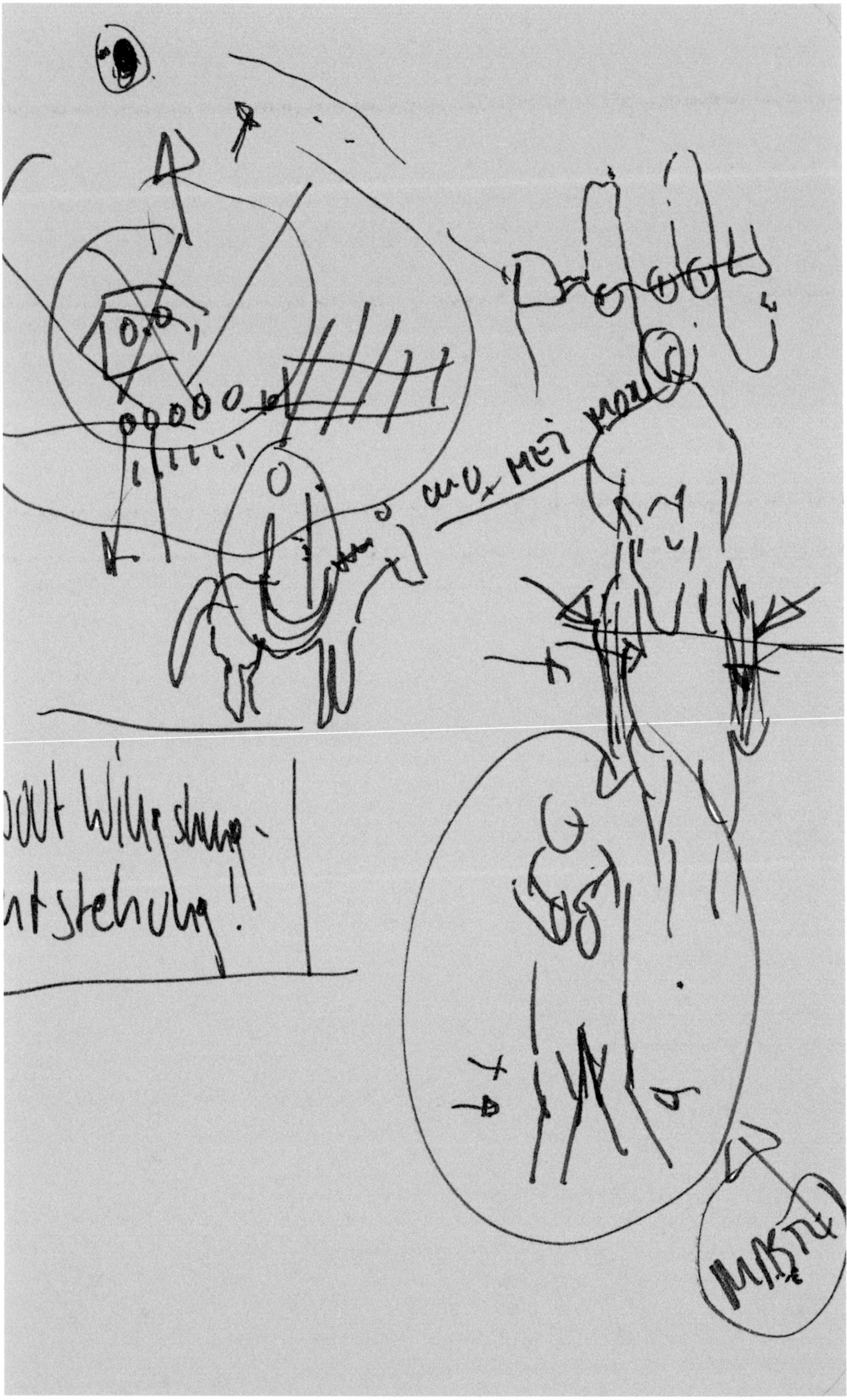

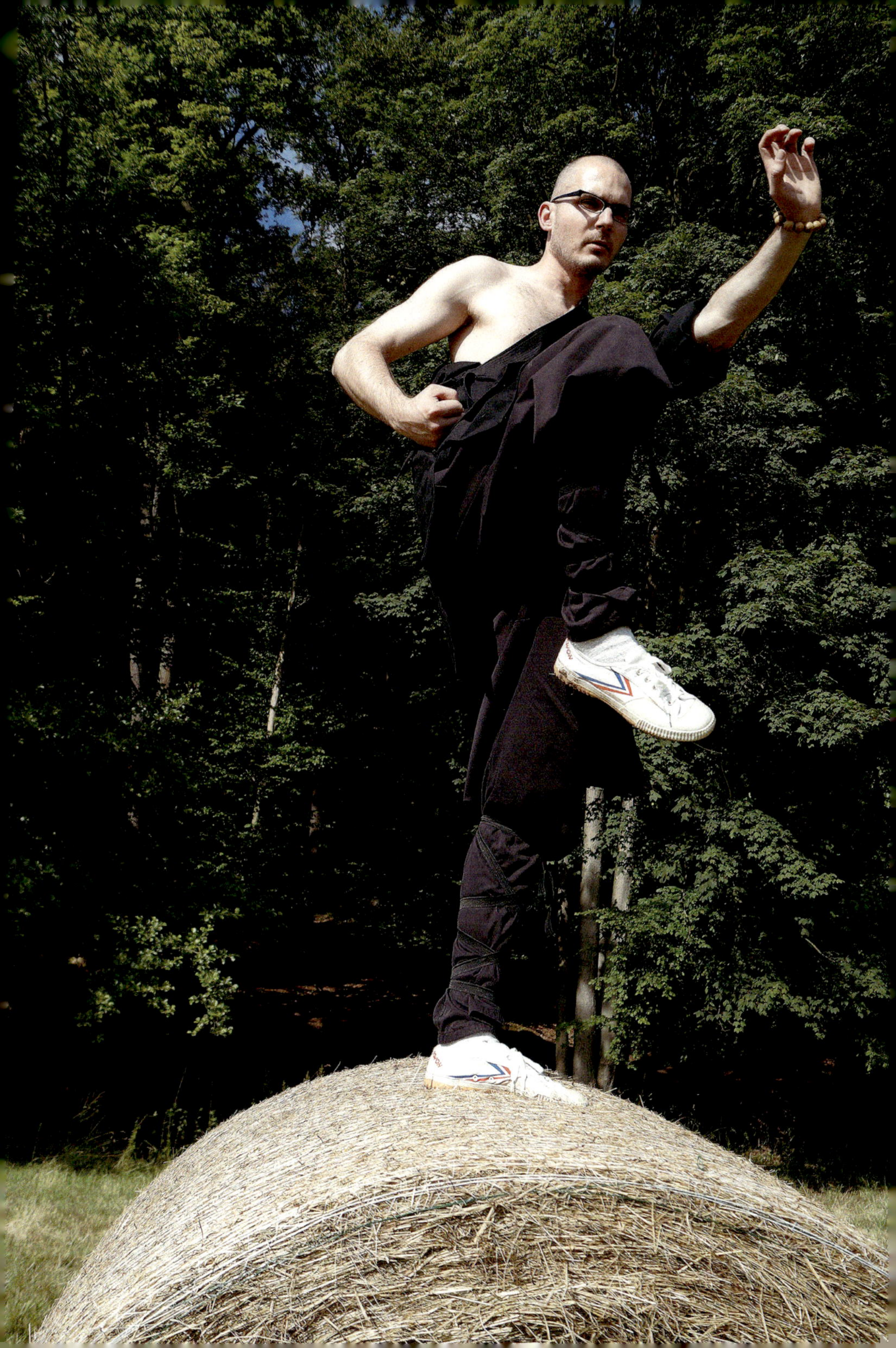

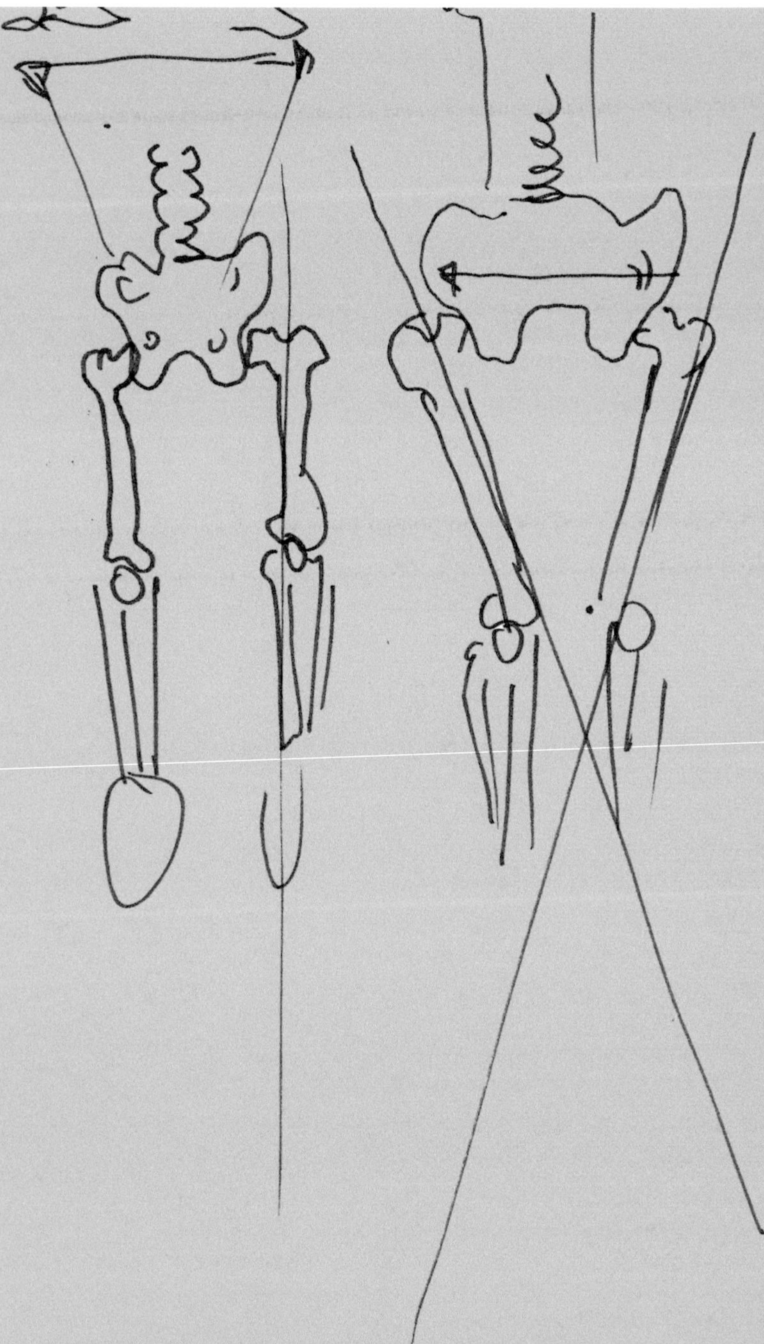

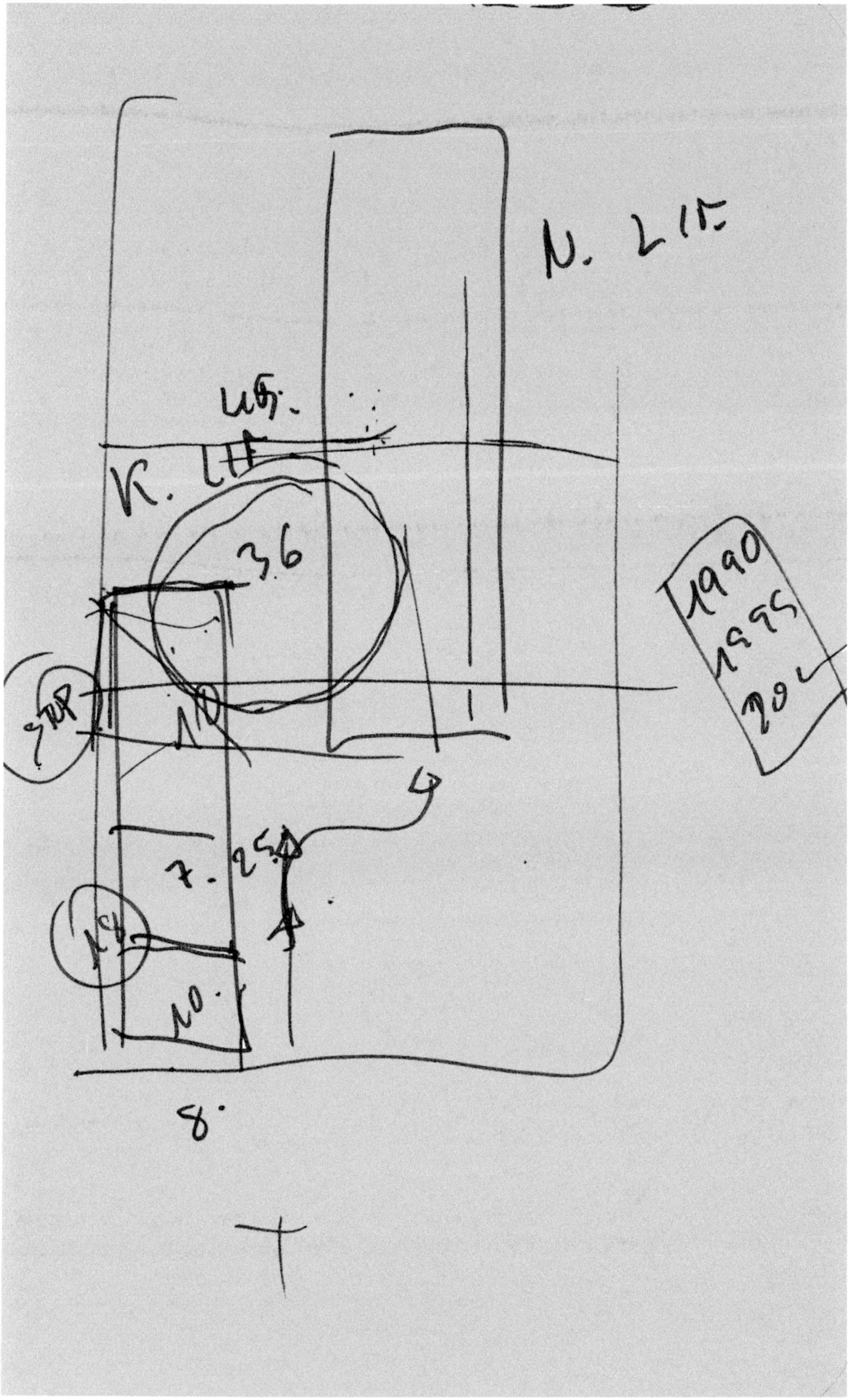
N. 215
3.6
7.25
10.
8.
1990
1995
20

MA PU (BU).
KONG - PU .
SHI - PU
XIE - PU .
PU - PU .

TING - PU 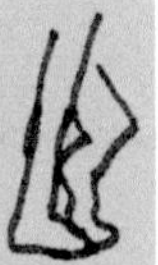
DU LI PU. 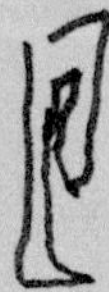

LIN PU - Form (zusammen)
KAI - PU. - Form (Erster Schritt)

YI BEI - - bereit (alles)
TZUO - - go - gehen (alles)

1) CHI BEN KUNG -
2) WU PU CHUAN.
3) LIO HUA CHUAN
4 MA CHUAN
5) MAO ZE

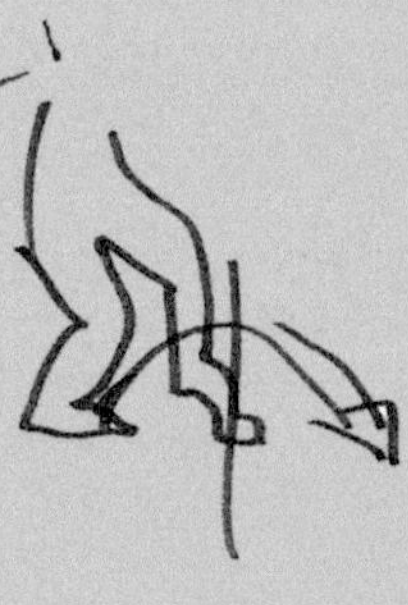

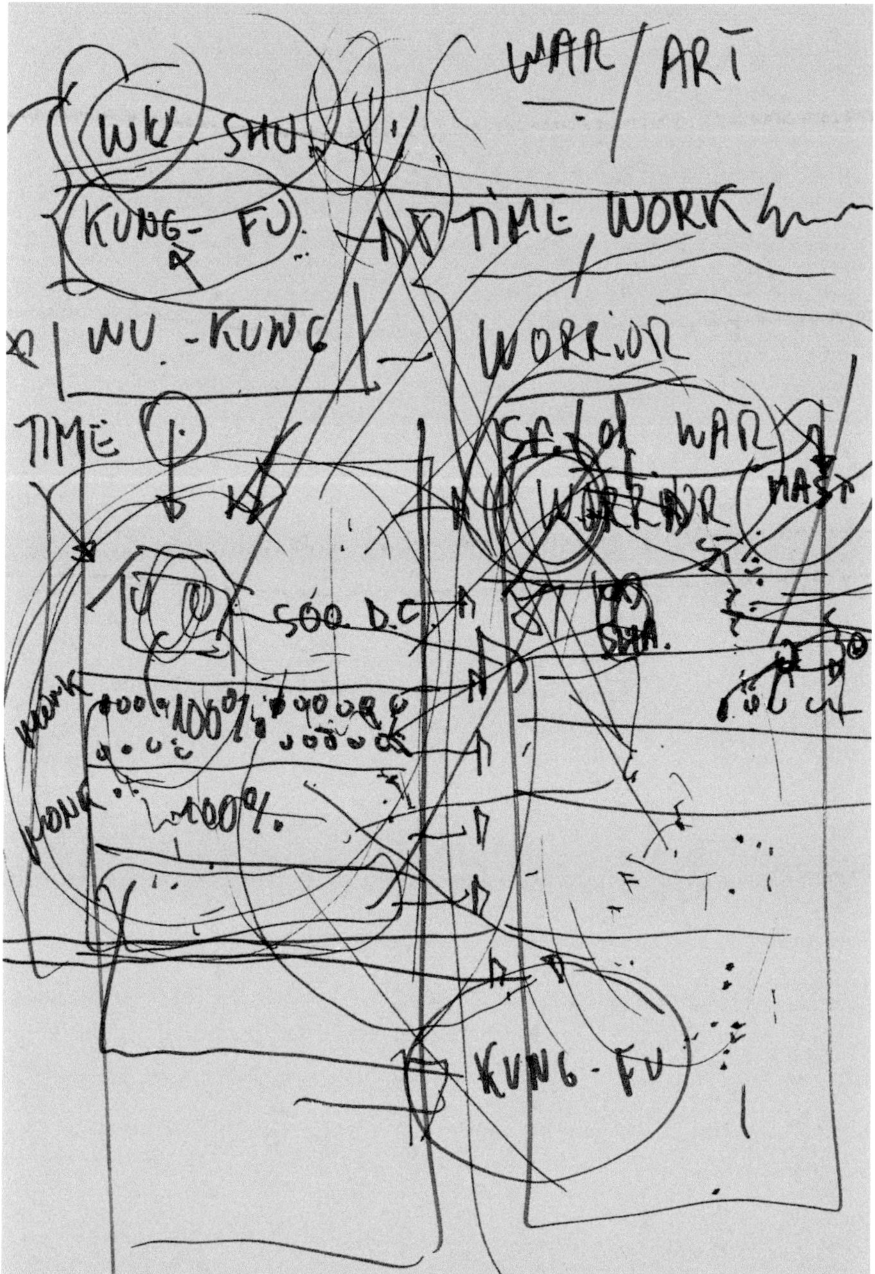

Anfang von allem

S Exers
SHAOLIN

I M 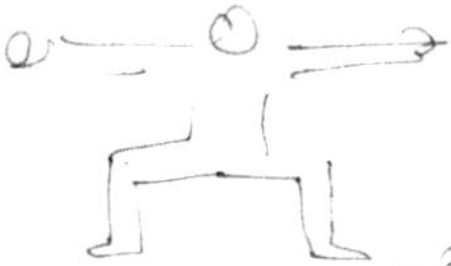 MA PU (BU) S TWE

II P 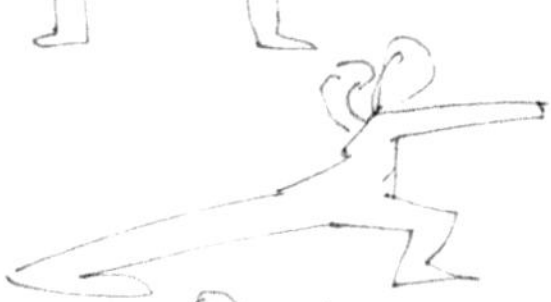 KONG- PU "

III 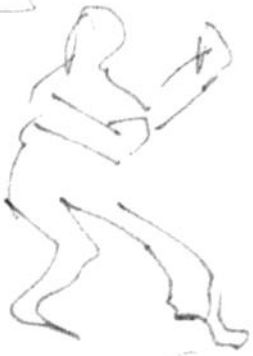 SHI PU

IV 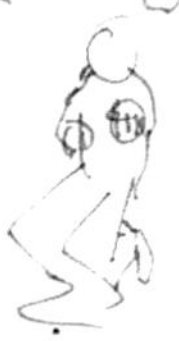 XIE PU.

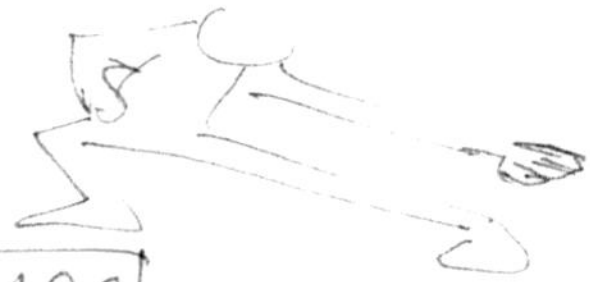 PU · BU

CLASS

1. WARP AP → very hard train
2. JAMP → springen
3. JA TWEI → erwärmen 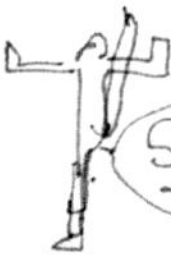 S: TWEI
4. S: Ex. Shaolin → 5 üben Shaolin
5. TAO LU → LIU HUA CHUAN.
SIAO JUN CHUAN

Vom Schüler zum Meister

Nach Jahren eines ausdauernden und intensiven Trainings in Deutschland hatte ich die Hürden der Meisterschaft genommen. Ich wusste, worum es ging und fühlte mich bereit. Die Prüfung konnte beginnen.

Also kontaktierte ich meinen Meister in Spanien, um die Sache ins Rollen zu bringen. So vereinbarten wir den schnellstmöglichen Termin für die Prüfung in Bilbao. Im Juli 2001 flog ich dann gen Süden. Anberaumt waren sieben Tage Aufenthalt. Der Meister hatte wenig Zeit. Deshalb fühlte ich mich geehrt, dass er mich so kurzfristig empfangen konnte. Angekommen am Flughafen, wurde ich nach kurzer Wartezeit in Empfang genommen und zunächst zur Trainingsstätte gebracht, um mir ein Bild davon zu machen. Was ich da an Kunstfertigkeit sah, war schon sehr beein-

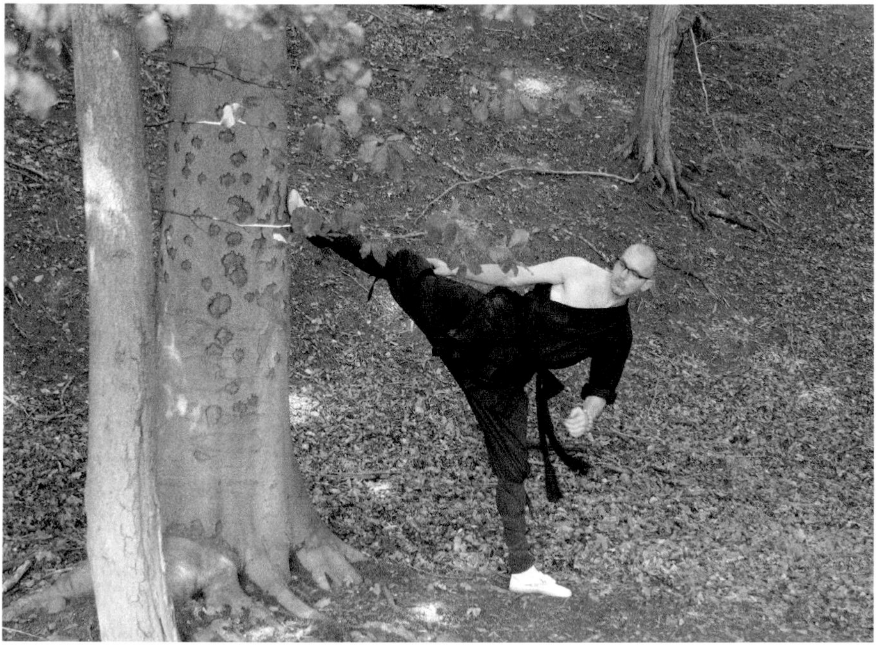

druckend. Viel Liebe zum Detail. Wirklich bemerkenswert. Nach einer Vorbereitungszeit von ein paar Tagen, in denen ich am öffentlichen Training teilnahm, Stadtbummel machte und persönliche Gespräche mit dem Meister führte, war es dann soweit - der Tag der Prüfung. Ich ging zur Trainingsstätte und zog mich um. Als ich in den Trainingsraum kam, war die Jury aus Meistern bereits versammelt. Es war eine ganz respektvolle und disziplinierte Atmosphäre. Ich wusste, jetzt lag es an mir. Kann ich durch mein Können und die damit verbundene Ausstrahlung überzeugen? Geprüft wurden einige Elemente, die ich zu absolvieren hatte. Nach gut einer halben Stunde war es dann geschafft. Die Jury zog sich zurück und ich stand bereit, das Urteil zu empfangen. Hatte ich bestanden oder nicht? Die Meister baten mich nach vorn und mit einem Wort war alles beschlossen. Bestanden!. Ich hatte es geschafft. Ich konnte überzeugen. Mein Ziel war erreicht. Es folgten Gratulationen seitens der Meister und auch der Schüler. Sehr kameradschaftlich, wirklich toll. Gegen Abend feierten wir dann in einem nahegelegenen Restaurant. Alles in allem ein gelungener Tag. Die nächste Zeit ging ich dann ruhiger an. Hatte ich doch sozusagen die Urkunde in der Tasche. Dann kam die Abreise. Der Meister und einer seiner Schüler fuhren mich zum Flughafen. Der Abschied war ein sehr bewegender Moment, voller Gefühl und Sympathie füreinander. Ein paar Hinweise und persönliche Worte noch und ich ging in Richtung Terminal.

China Henan Songshan Shaolin
Temple Kung-Fu Branch

CHINA HENAN SONGSHAN
SHAOLIN TEMPLE KUNG-FU BRANCH

INTERNACIONAL DOCUMENT

According with the requirements established by regulation by law and statutes of our association China Henan Songshan Shaolin Temple Kung-fu Branch. We assign the following document to

Patrick Joedecke

with degree of

2nd TECHNICAL LEVEL

in the acknowledge of

Shaolin Chuan

In BILBAO *dated this* 21 *day of* JULY

SPAIN
SWITZERLAND
FRANCE
BELGIUM
CHINA
ENGLAND
USA
PORTUGAL
JAPAN
ARGENTINA
HOLAND
CANADA
ITALY
GERMANY

PRESIDENT
JUAN CARLOS AGUILAR
8º DAN KUNG-FU SHAOLIN

CHAIRMAN
M. CENZANO

WAFFENFORM

Shaolin Da Dao

1-2

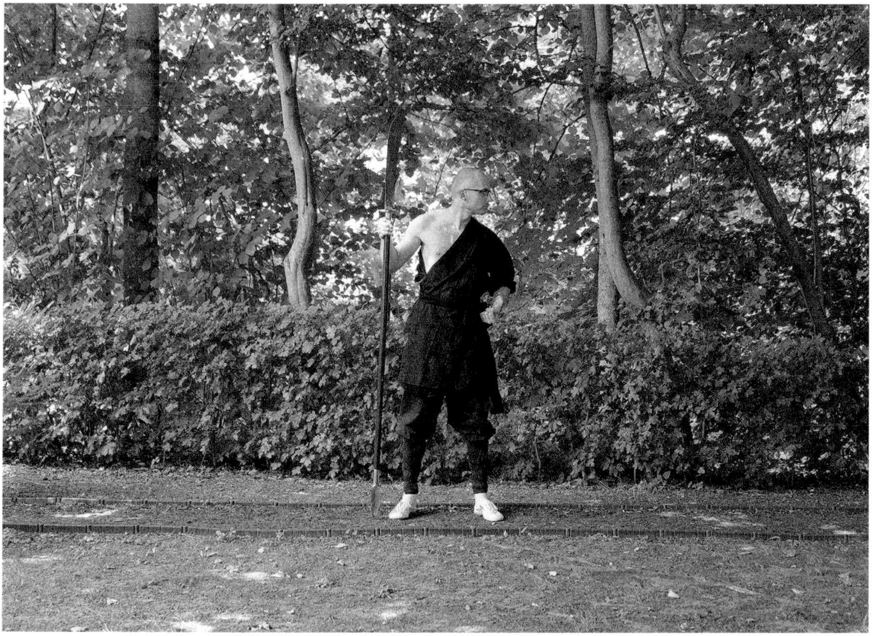

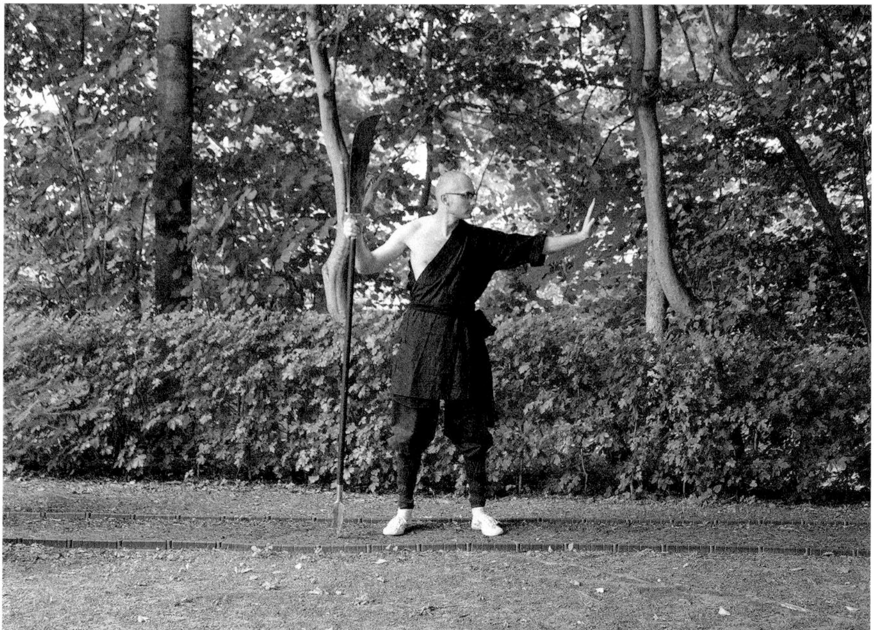

WAFFENFORM

Shaolin Da Dao

3-4

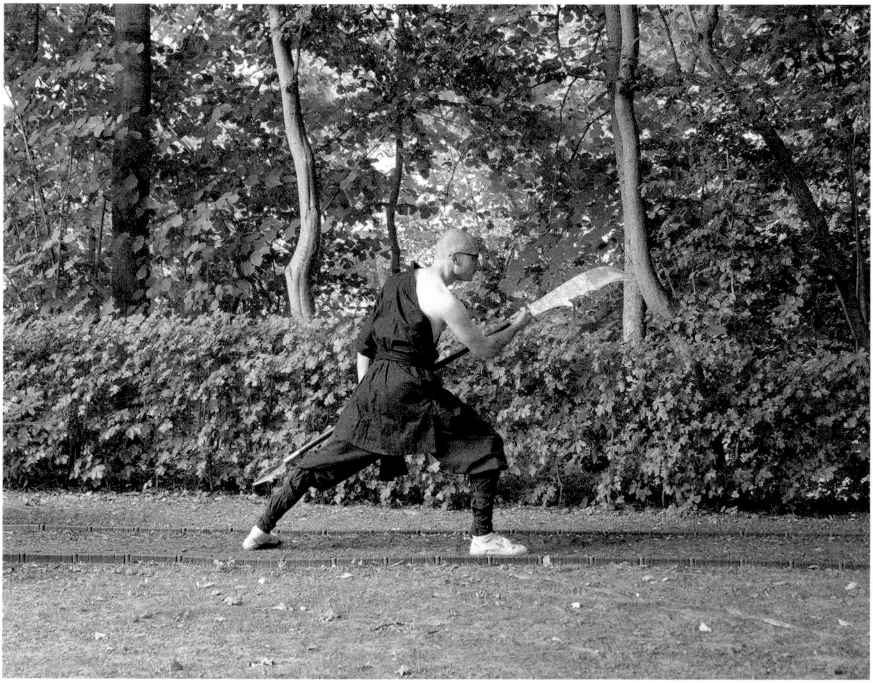

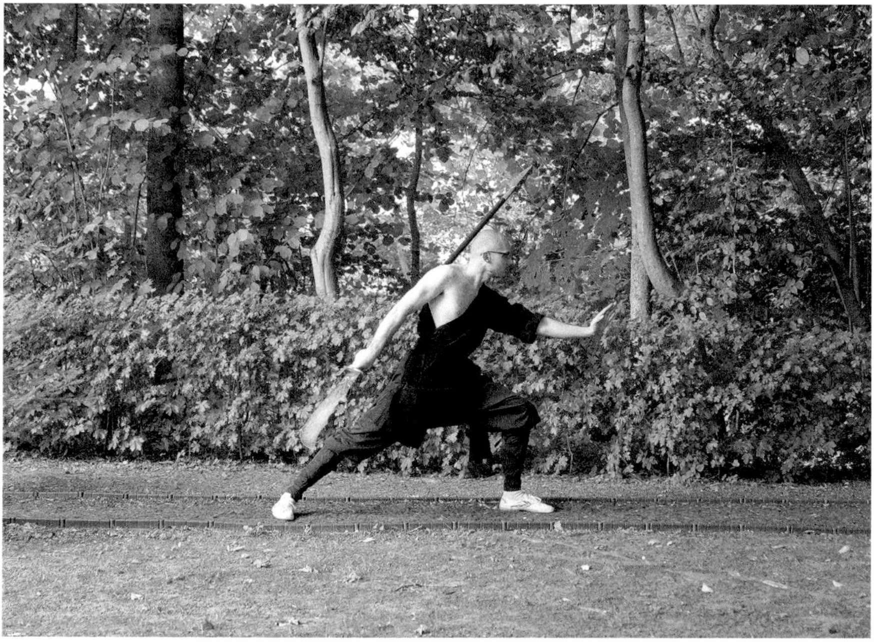

WAFFENFORM

Shaolin Da Dao

5-6

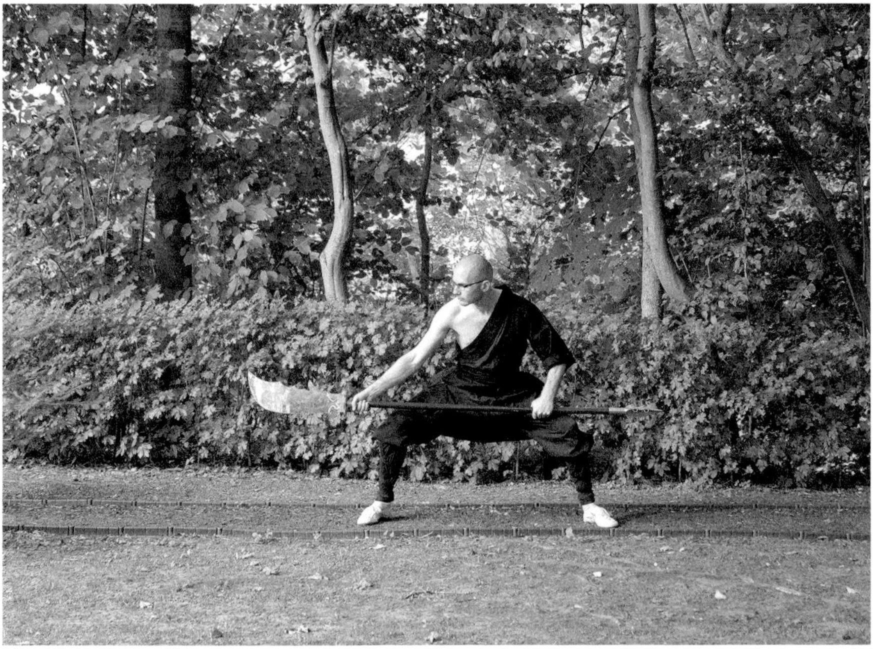

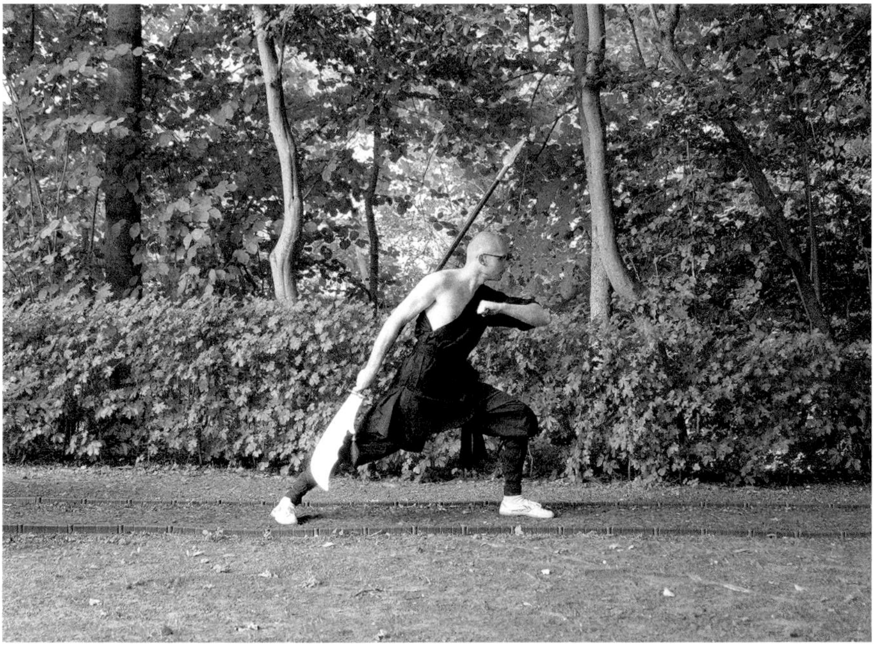

WAFFENFORM

Shaolin Da Dao

7-8

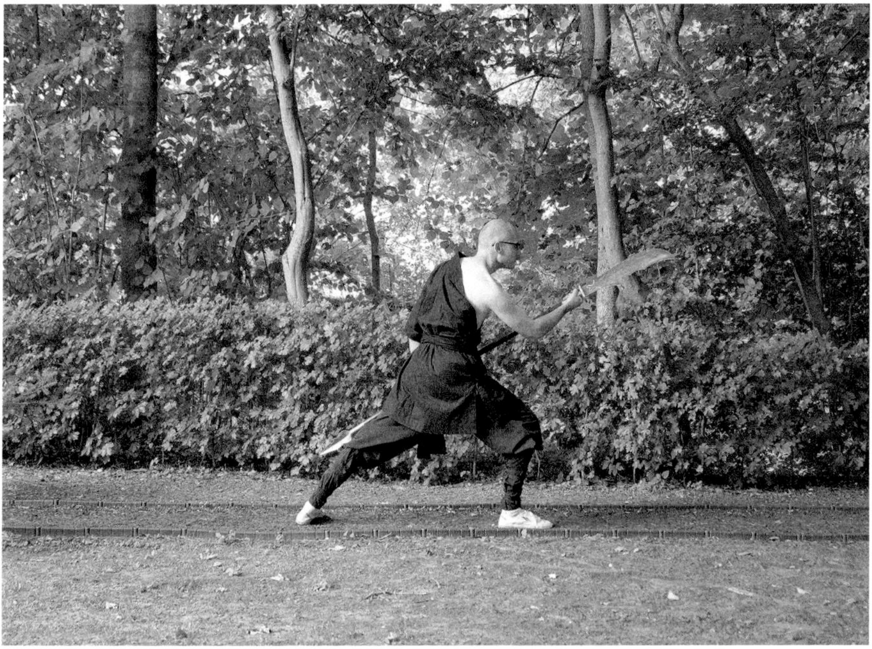

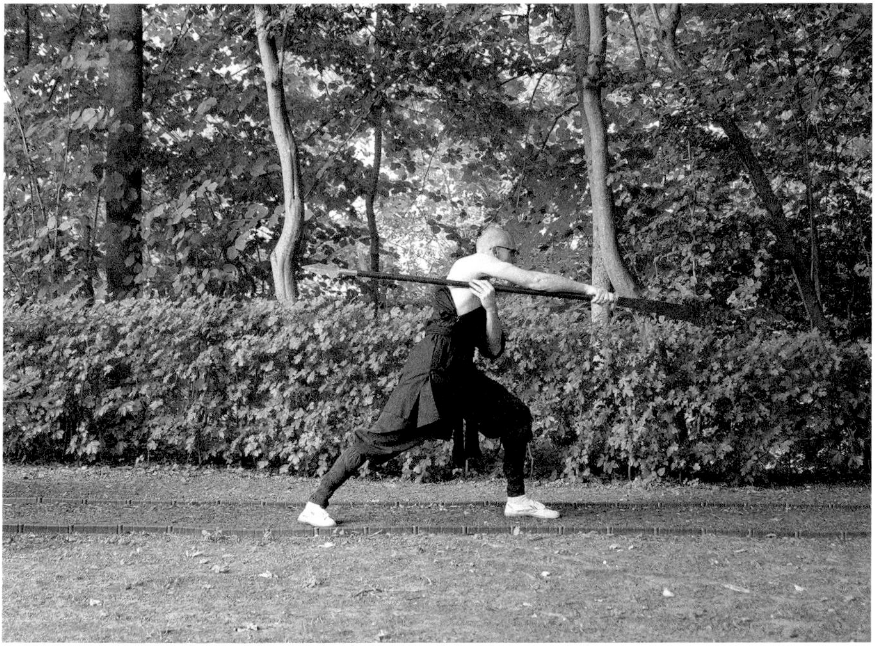

WAFFENFORM

Shaolin Da Dao

9-10

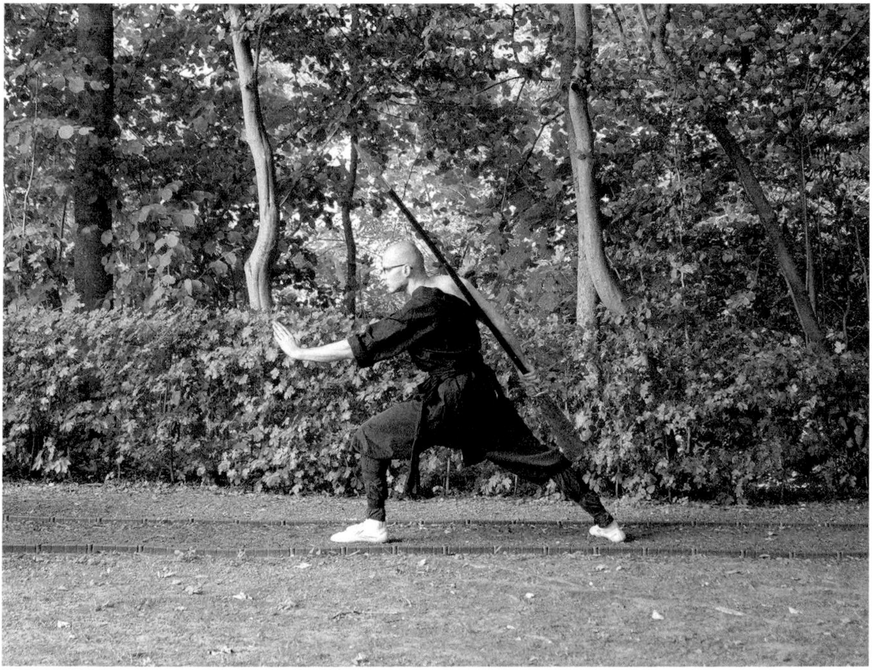

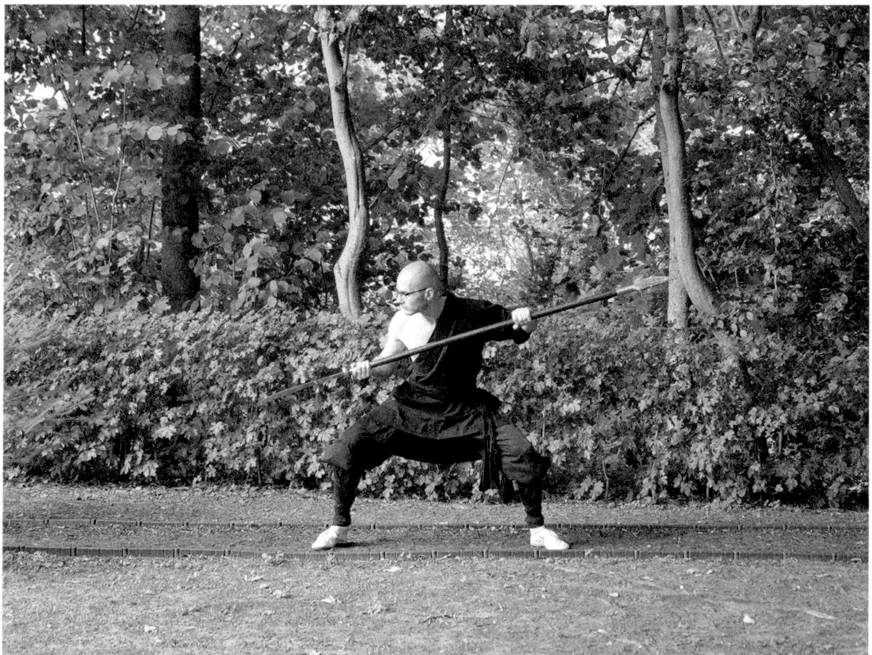

WAFFENFORM

Shaolin Da Dao

11-12

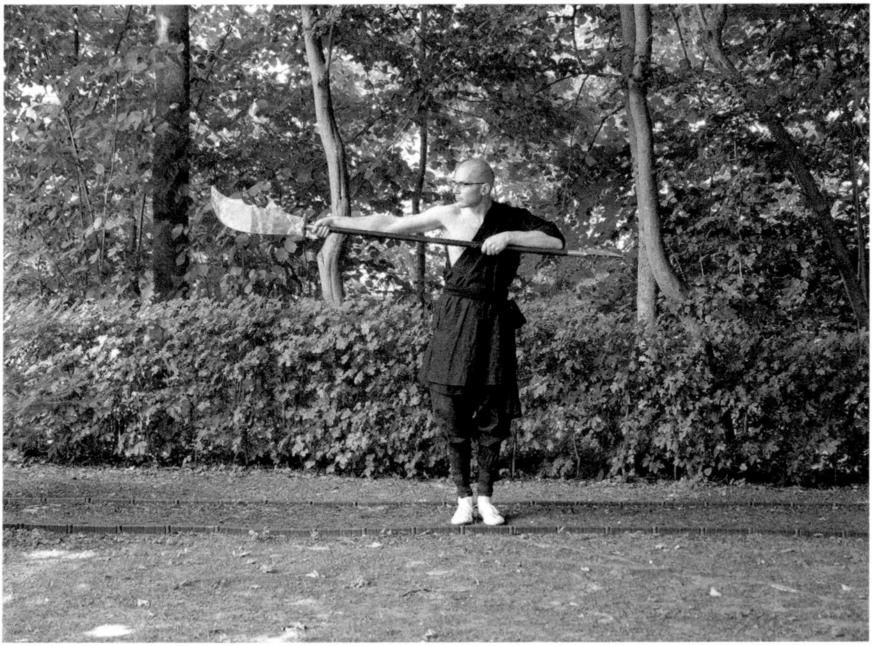

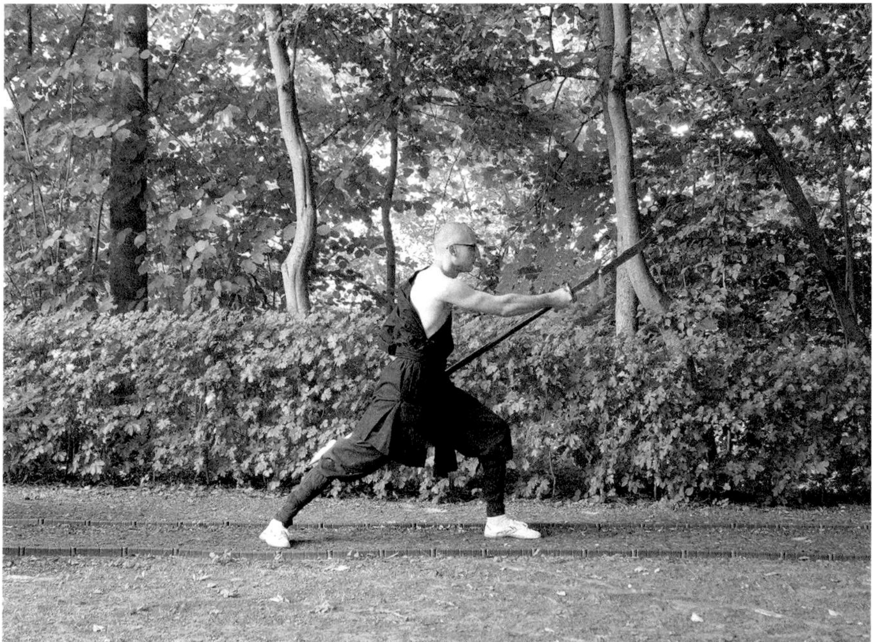

WAFFENFORM

Shaolin Da Dao

13-14

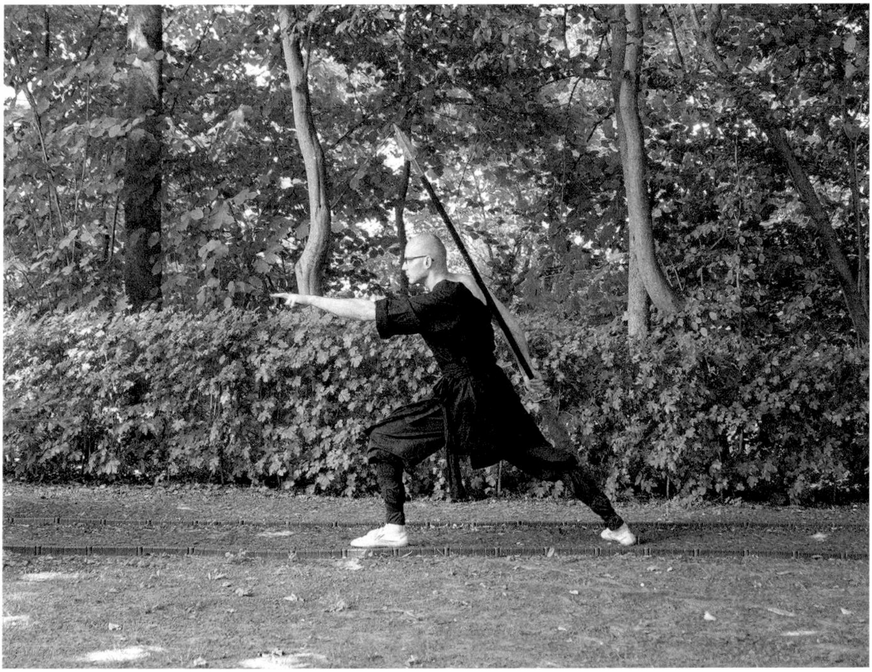

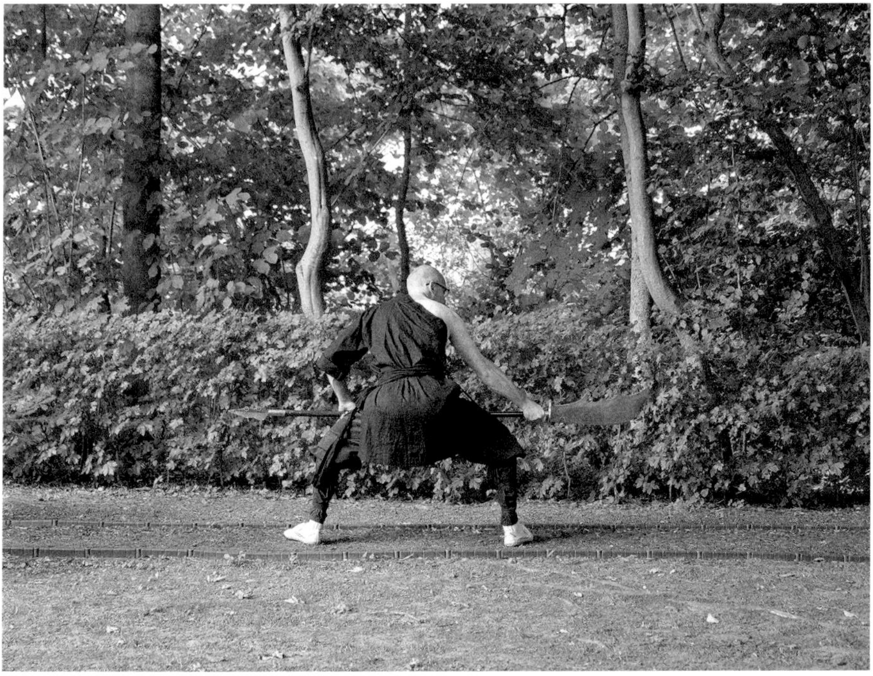

WAFFENFORM

Shaolin Da Dao

15-16

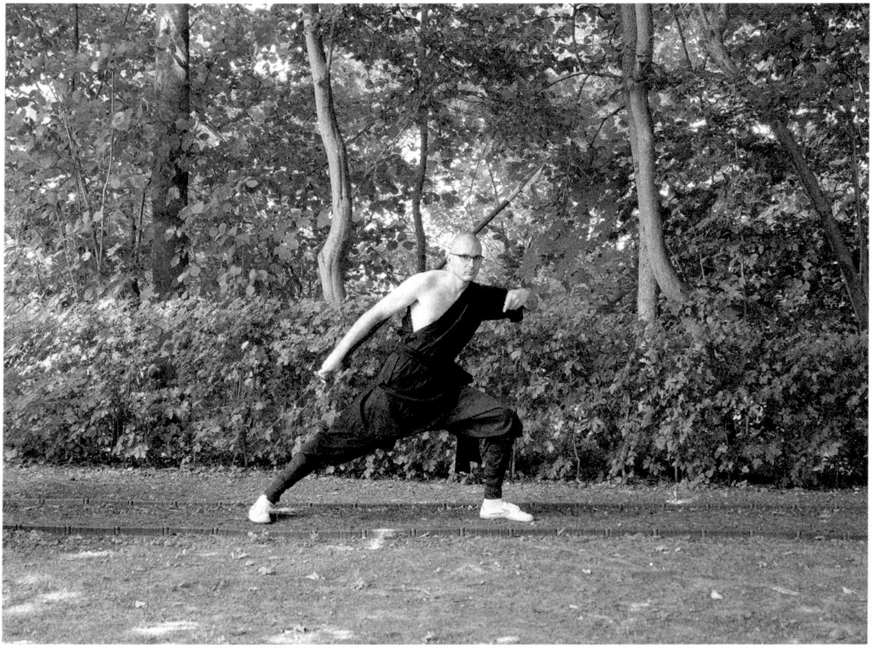

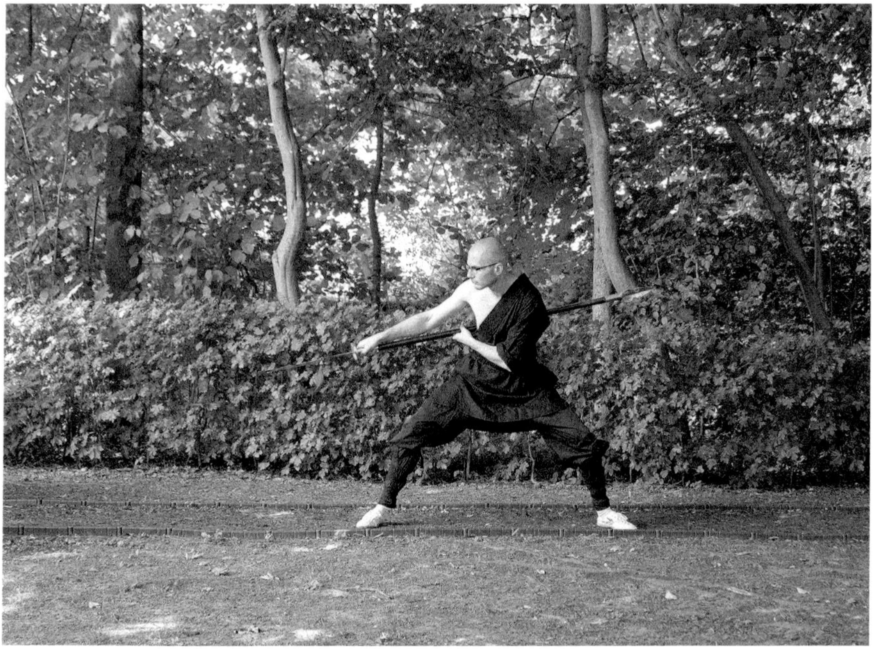

WAFFENFORM

Shaolin Da Dao

17-18

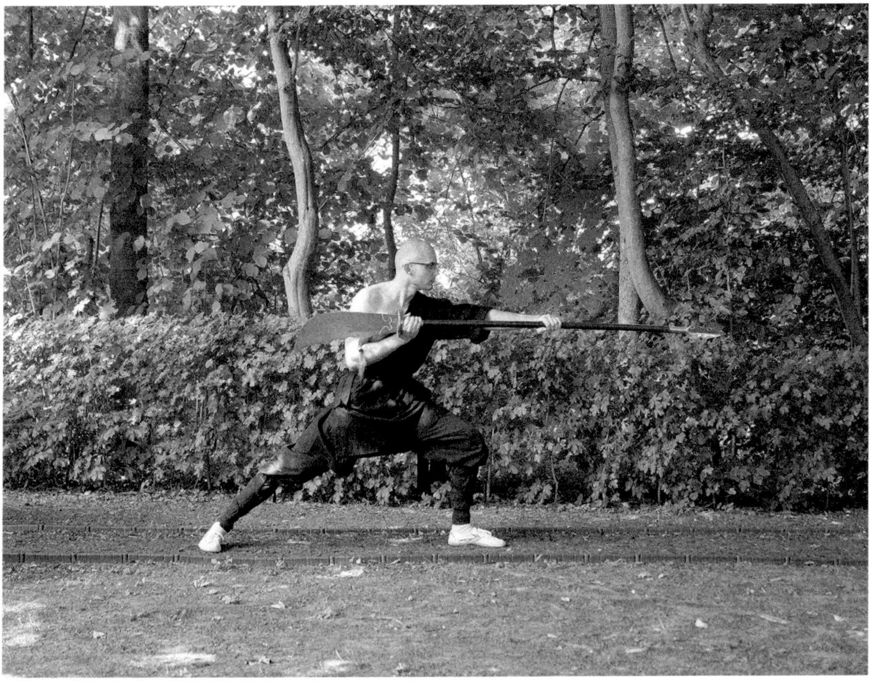

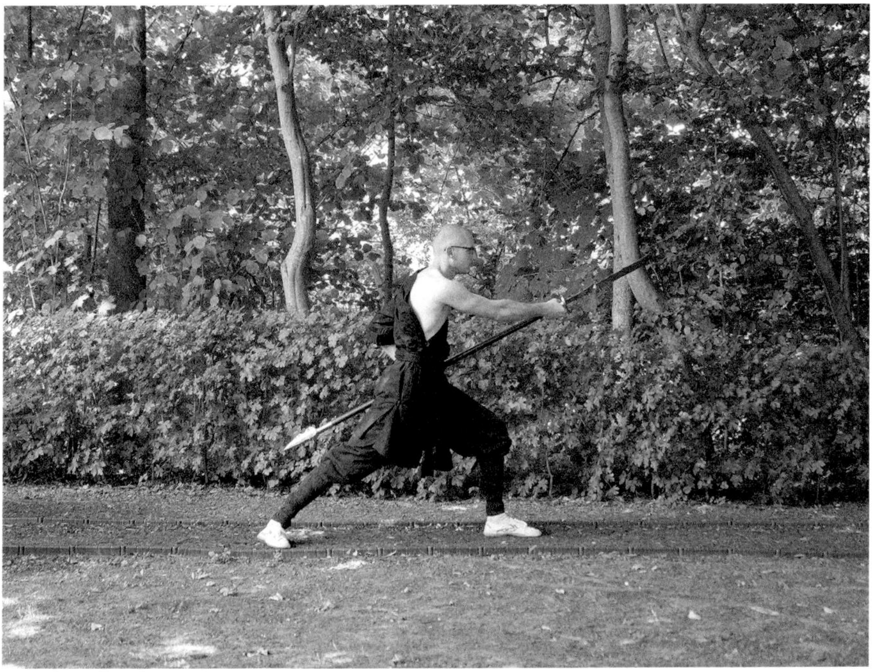

WAFFENFORM

Shaolin Da Dao

19-20

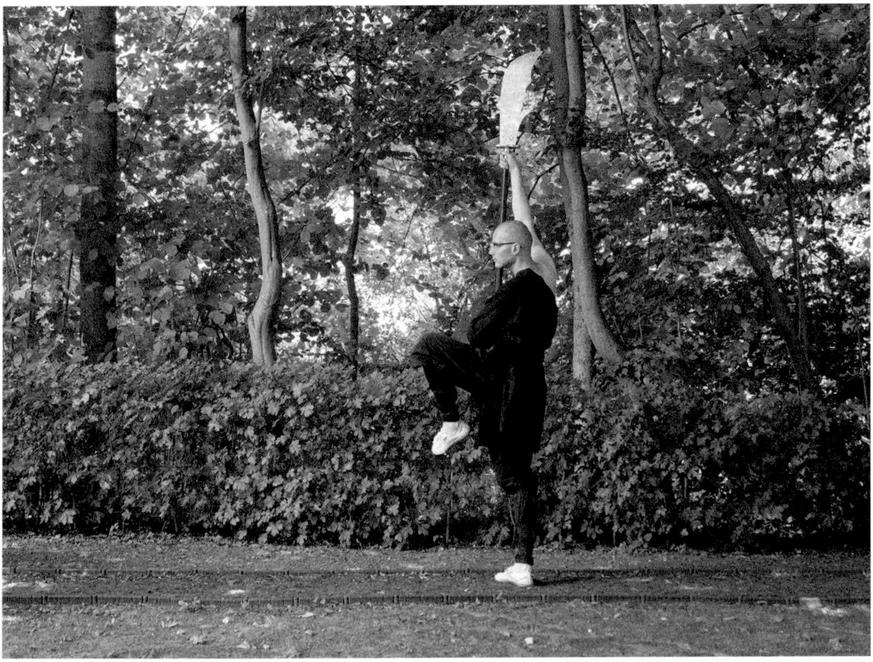

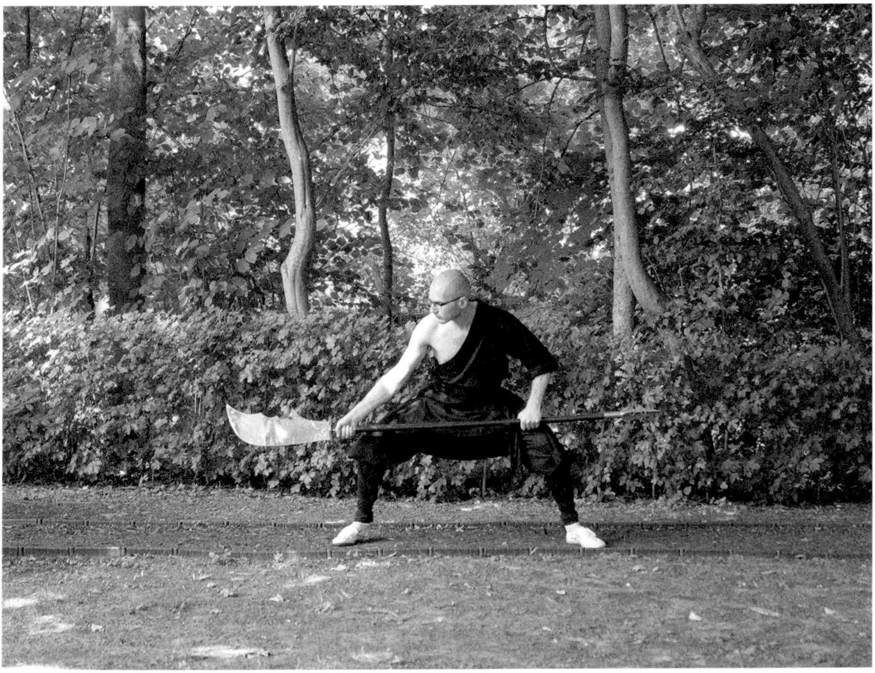

WAFFENFORM

Shaolin Da Dao

21-22

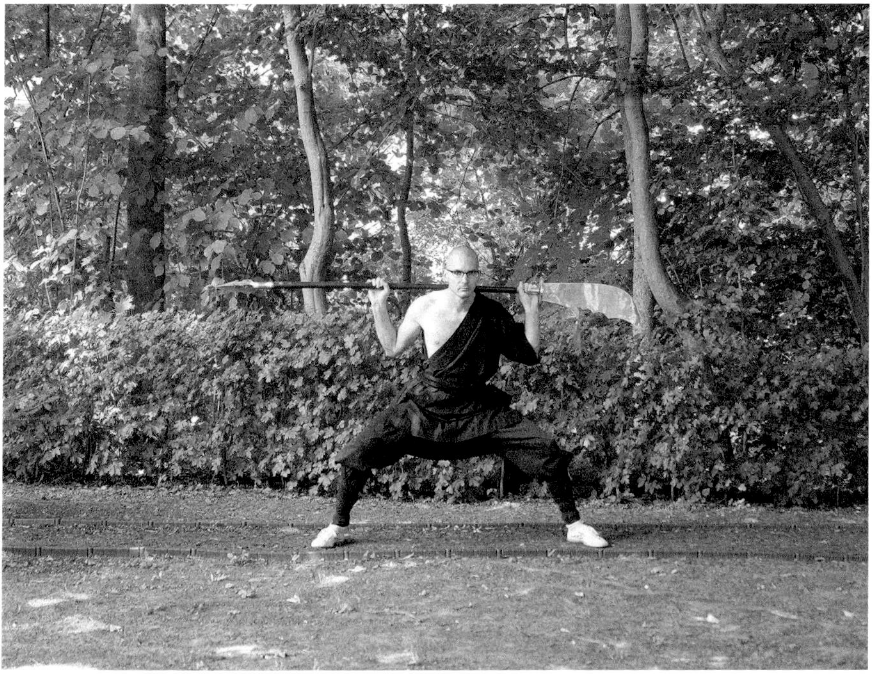

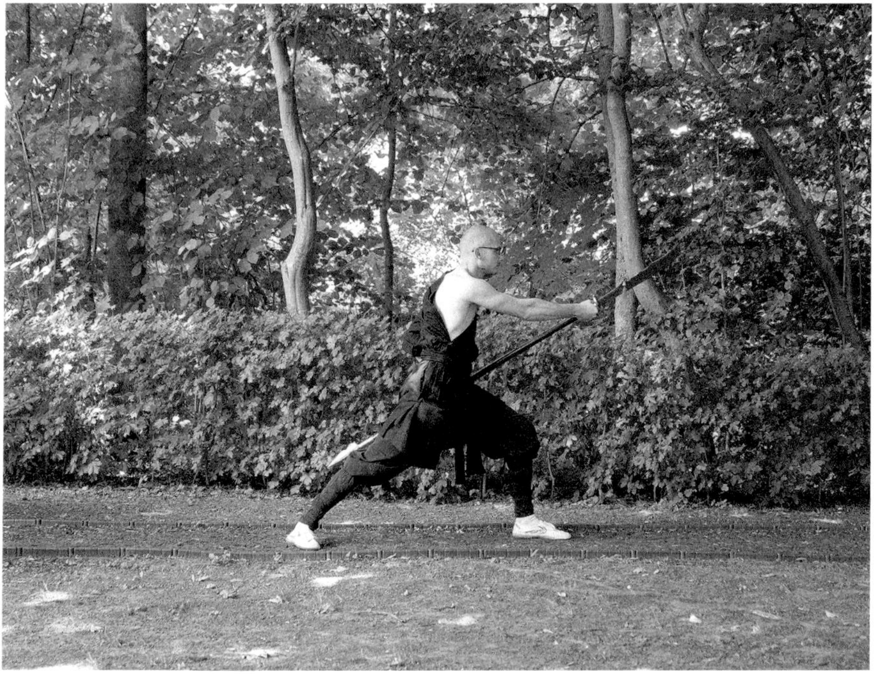

WAFFENFORM

Shaolin Da Dao

23-24

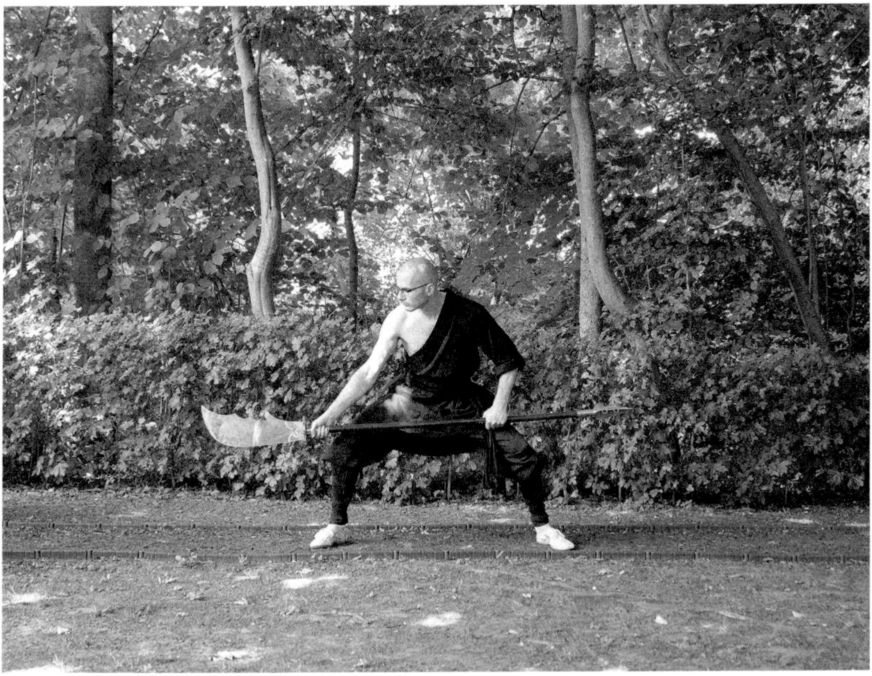

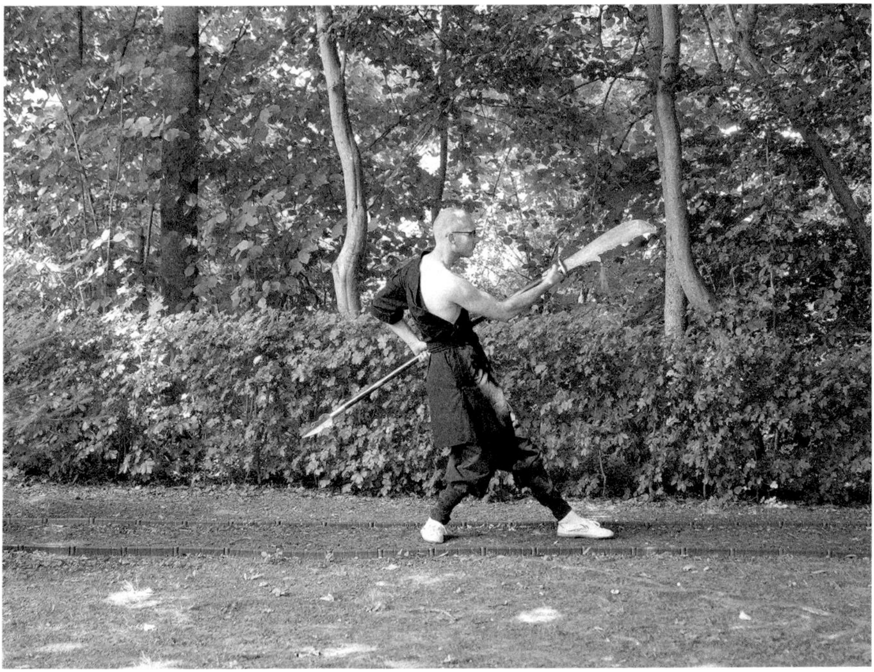

WAFFENFORM

Shaolin Da Dao

25-26

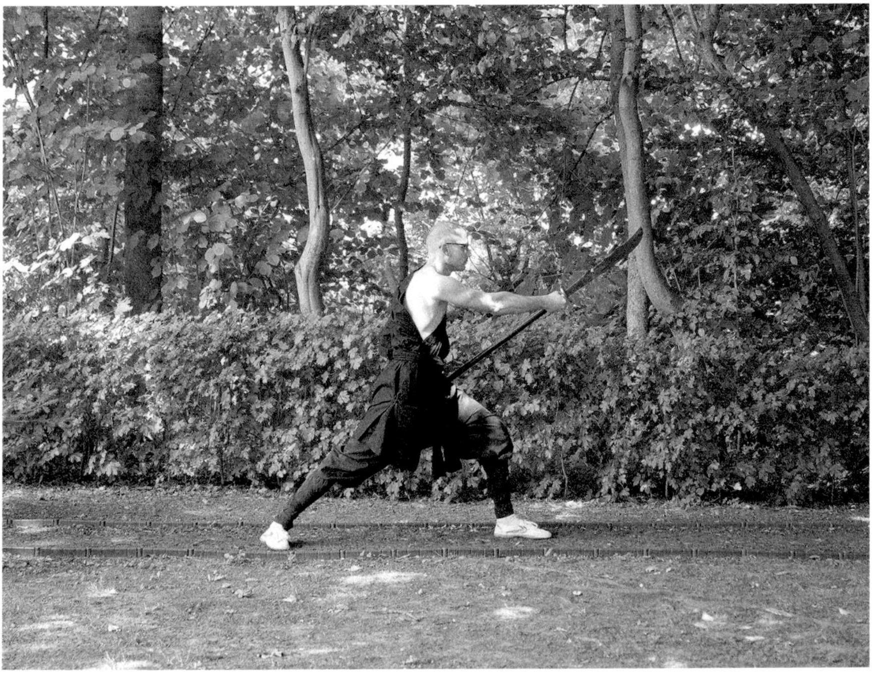

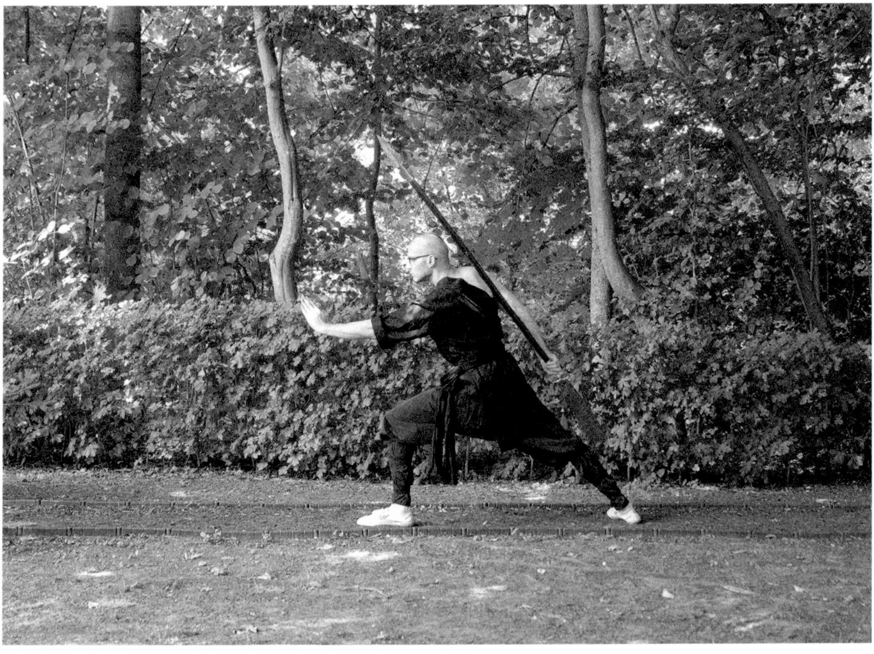

WAFFENFORM

Shaolin Da Dao

27-28

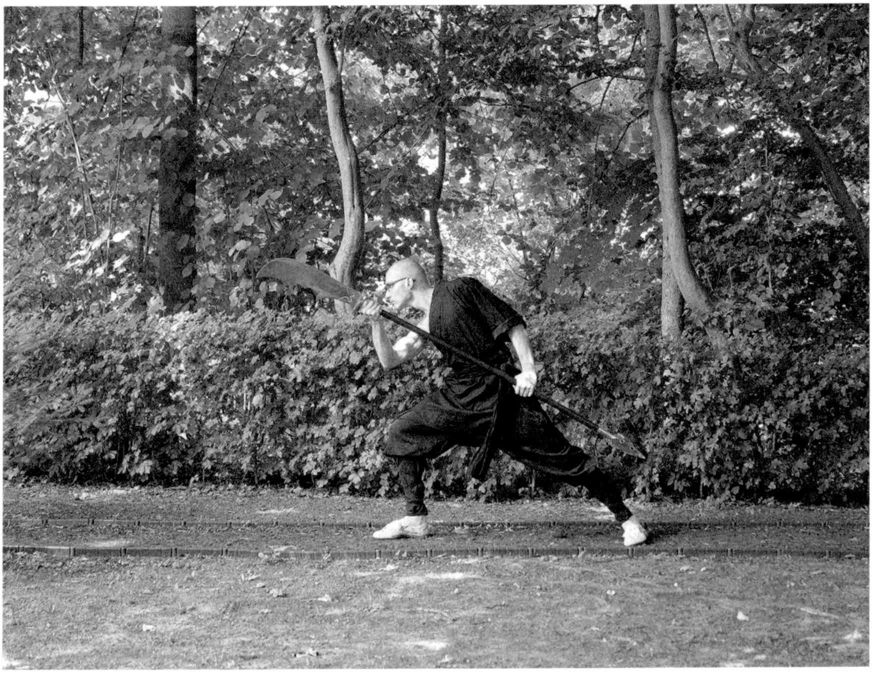

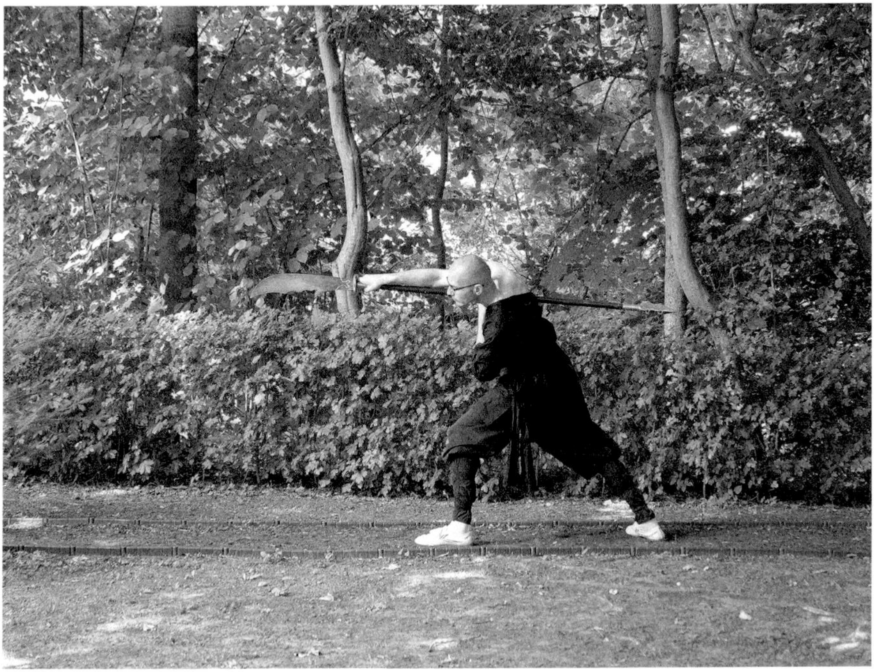

WAFFENFORM

Shaolin Da Dao

29-30

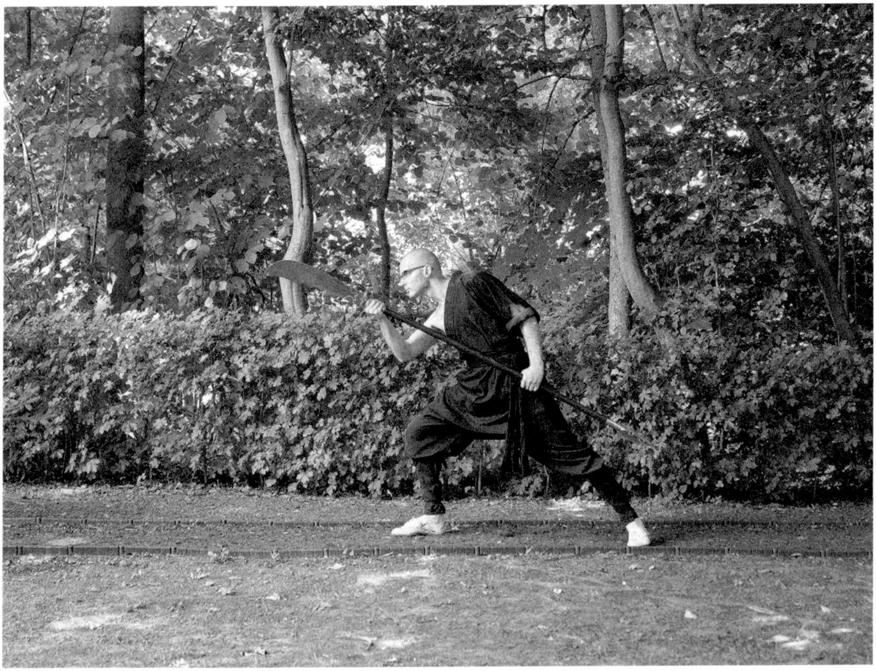

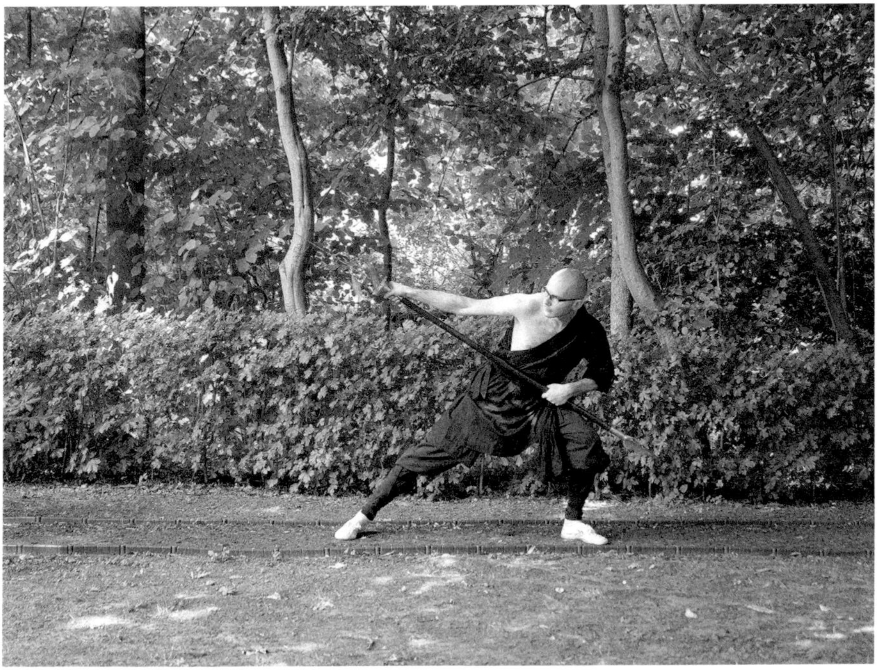

WAFFENFORM

Shaolin Da Dao

31-32

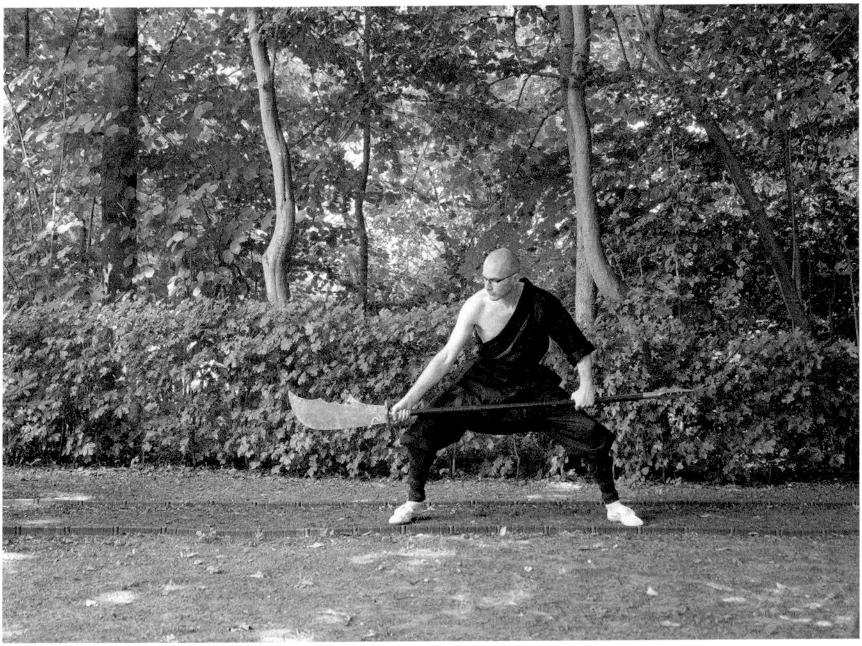

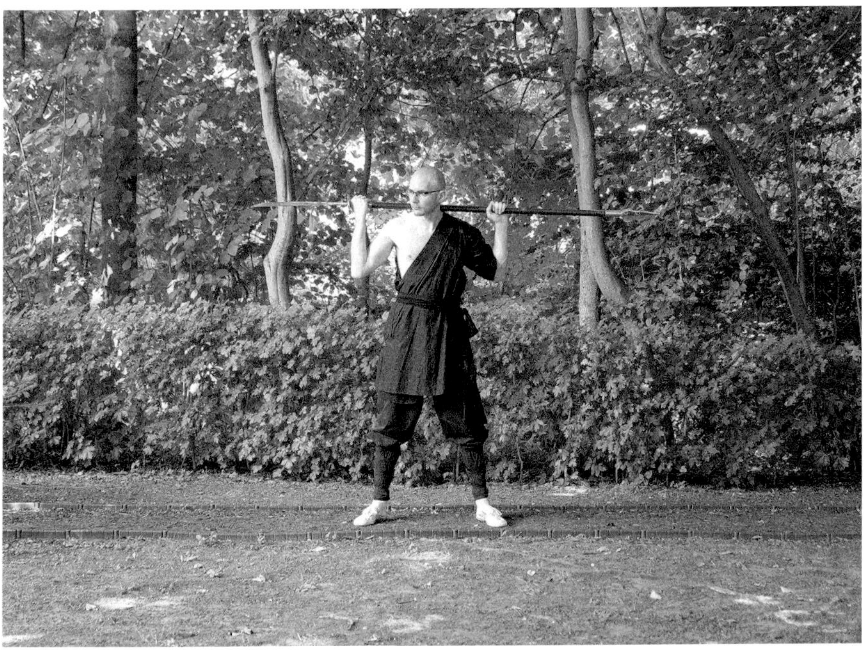

WAFFENFORM

Shaolin Da Dao

33-34

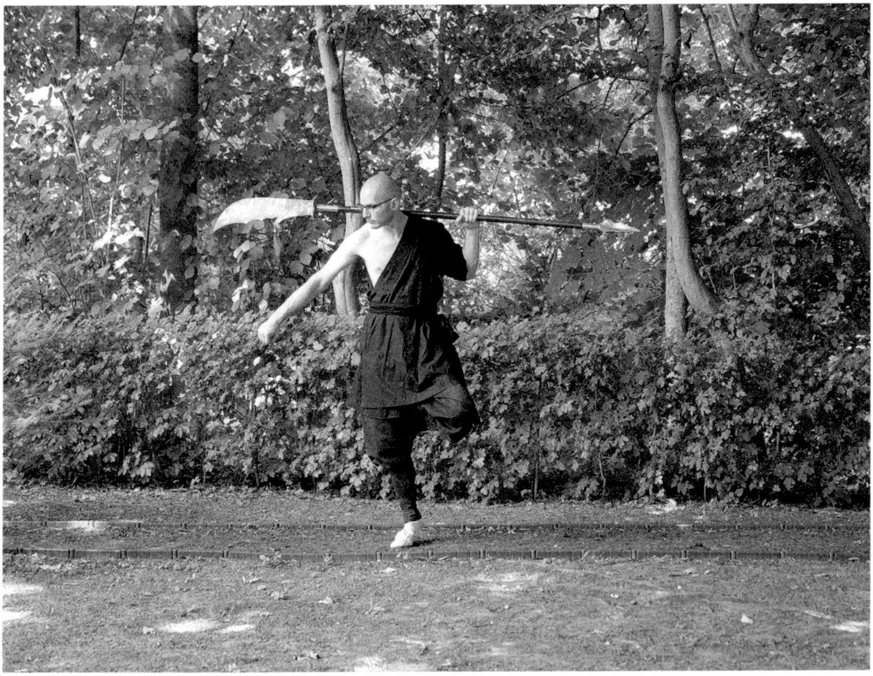

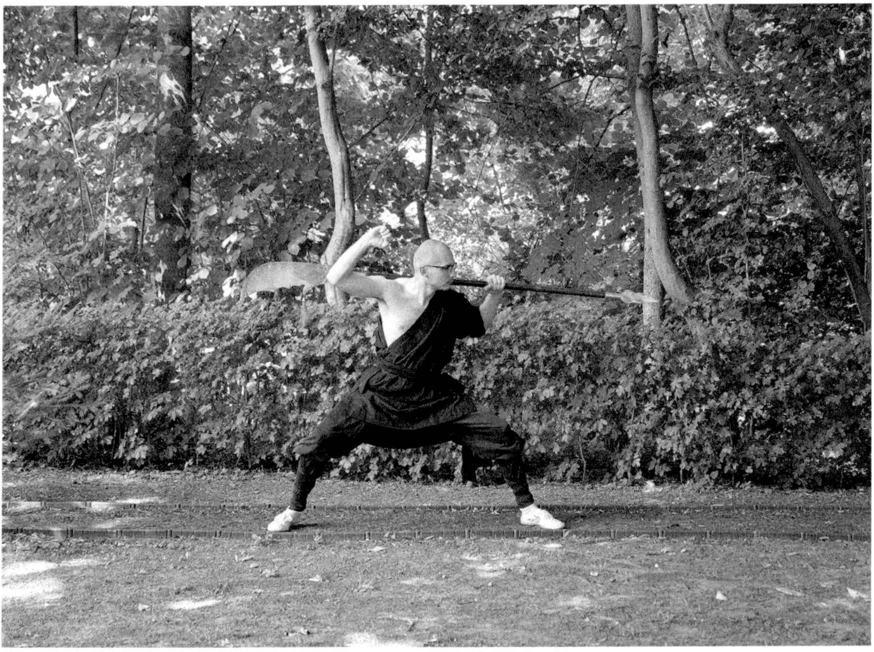

WAFFENFORM

Shaolin Da Dao

35-36

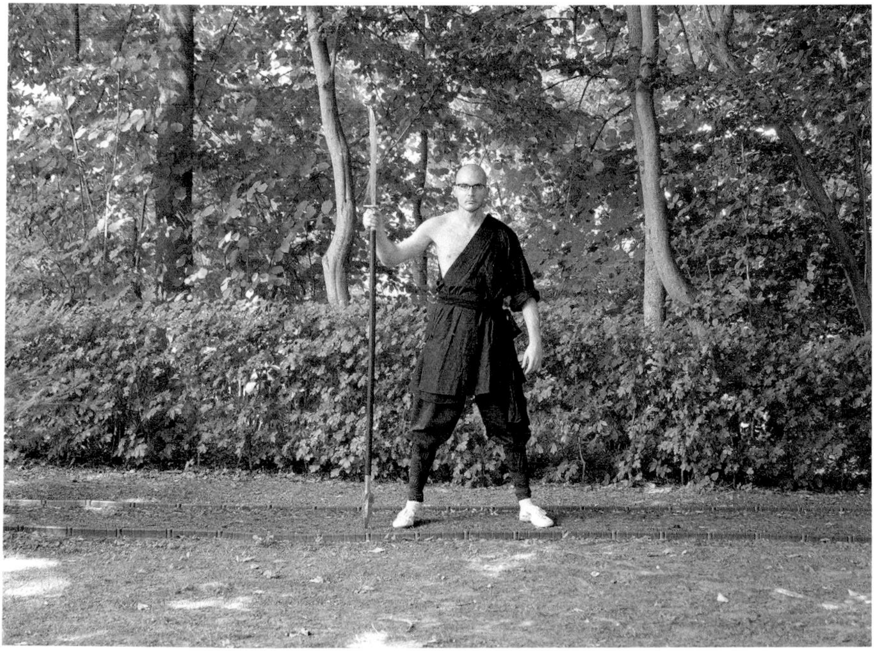

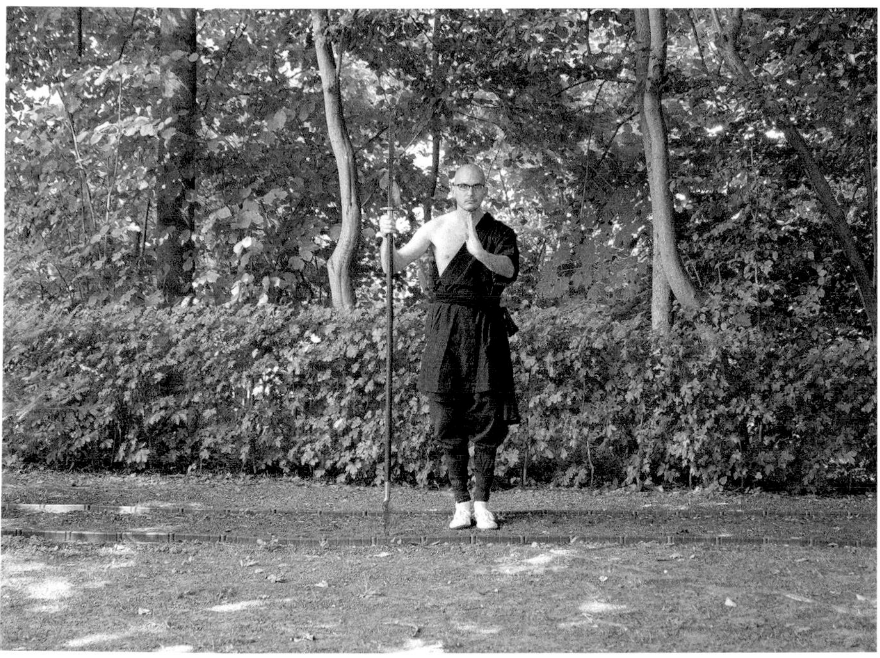

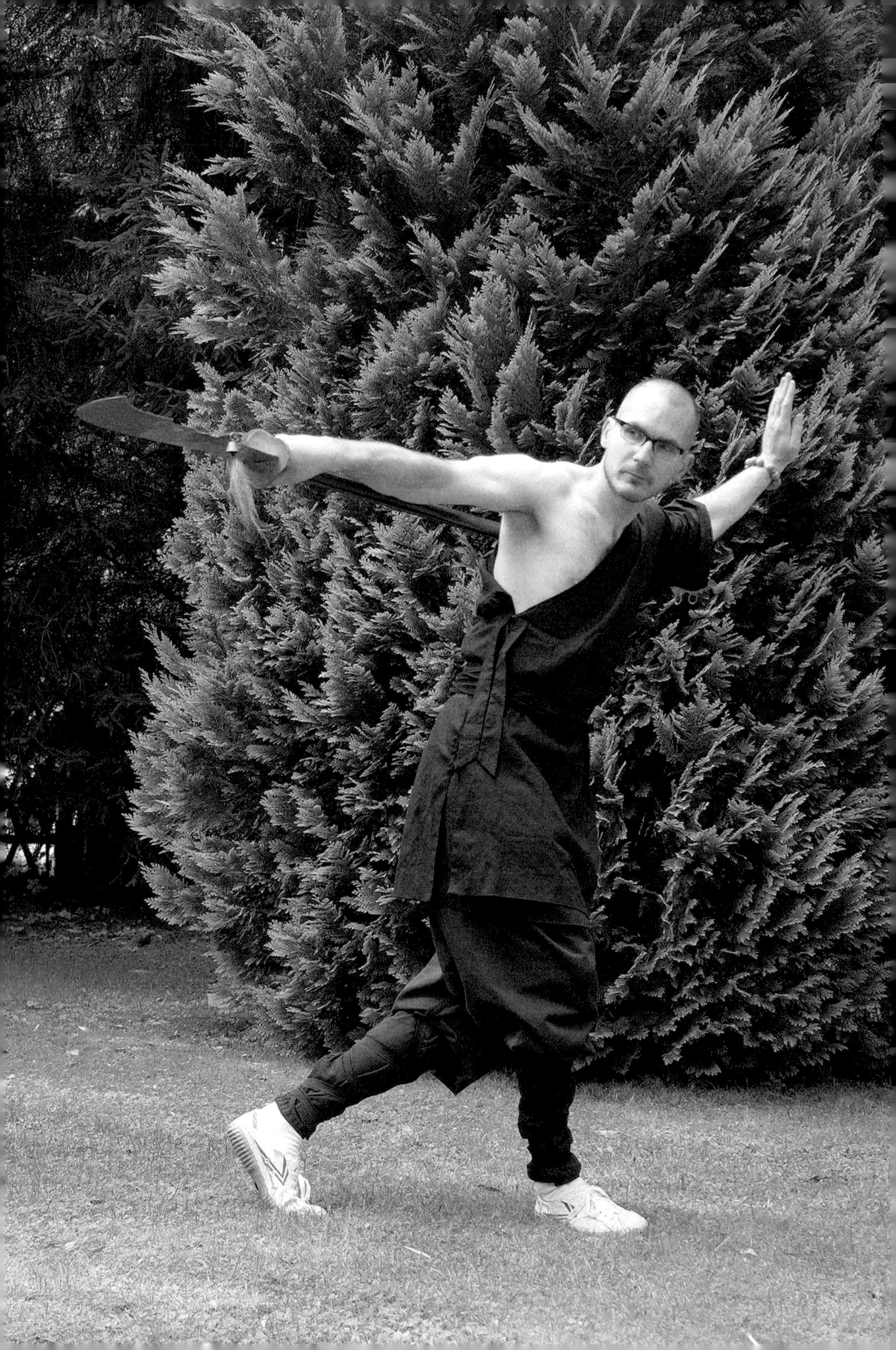

FAUSTFORM

Long Chuan

1-2

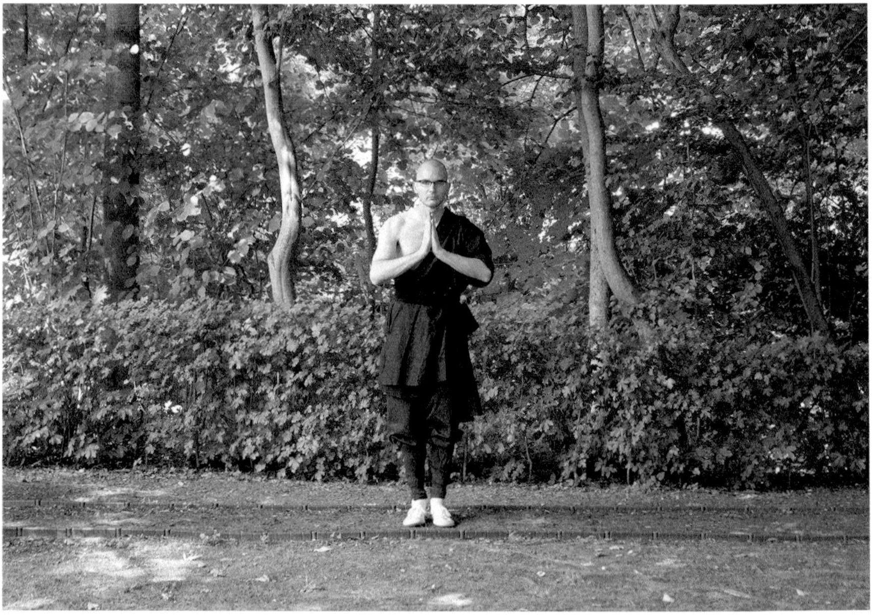

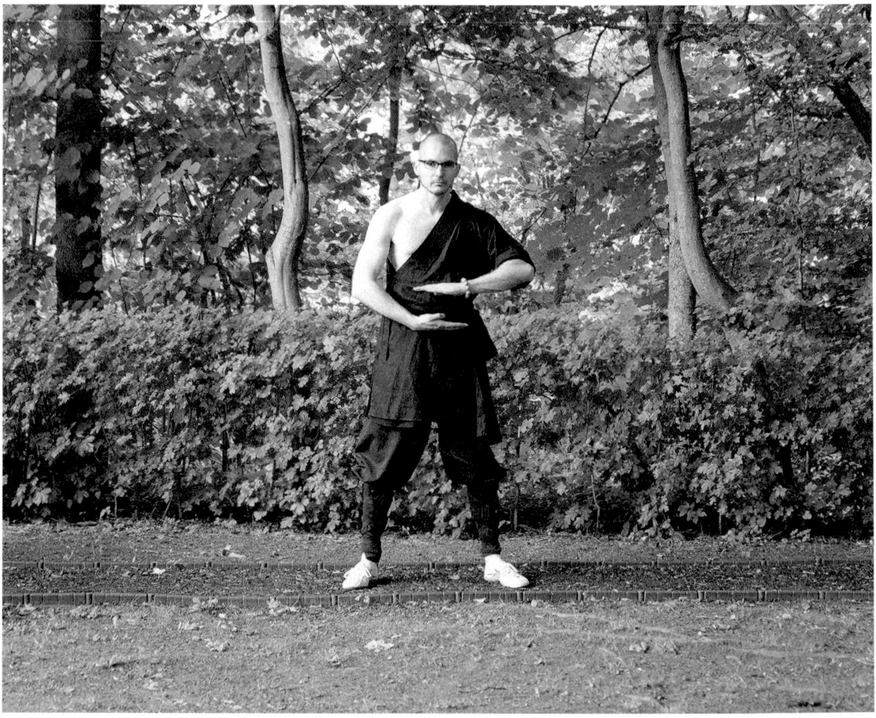

FAUSTFORM

Long Chuan

3-4

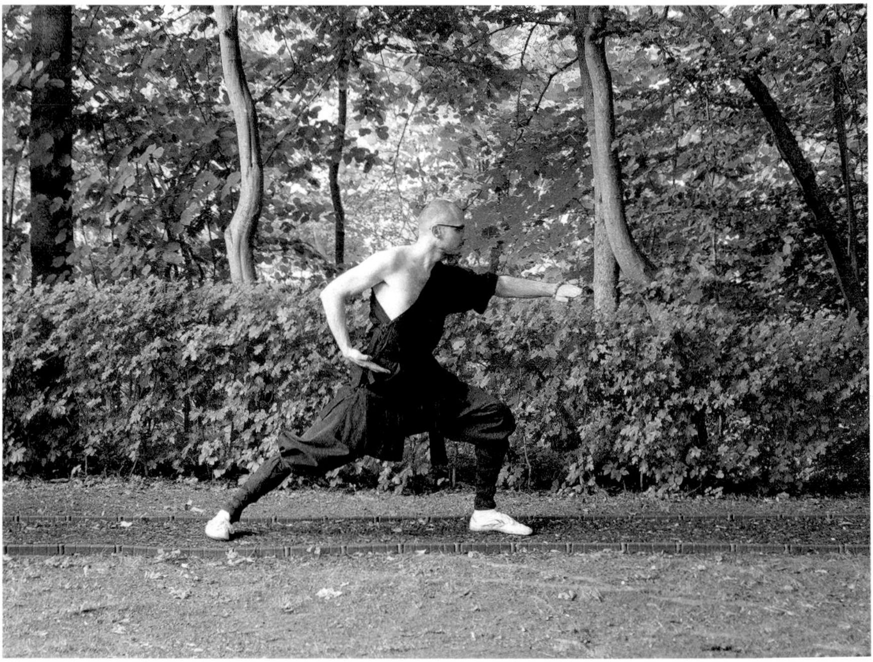

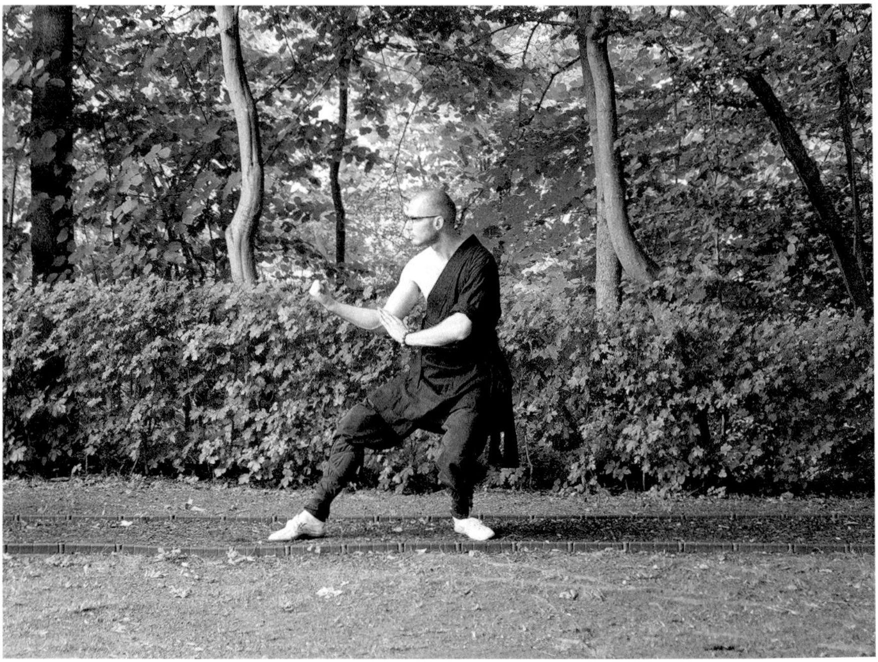

FAUSTFORM

Long Chuan

5-6

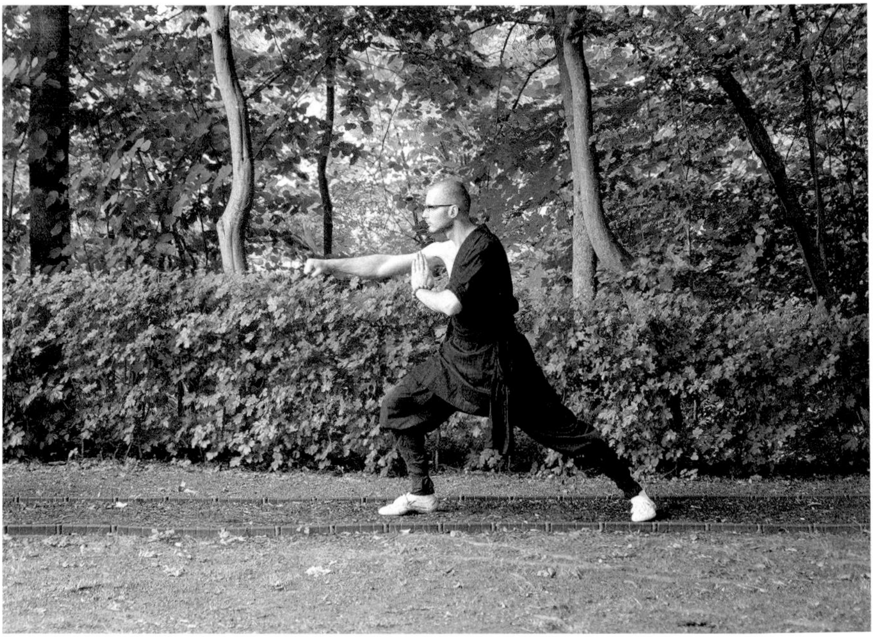

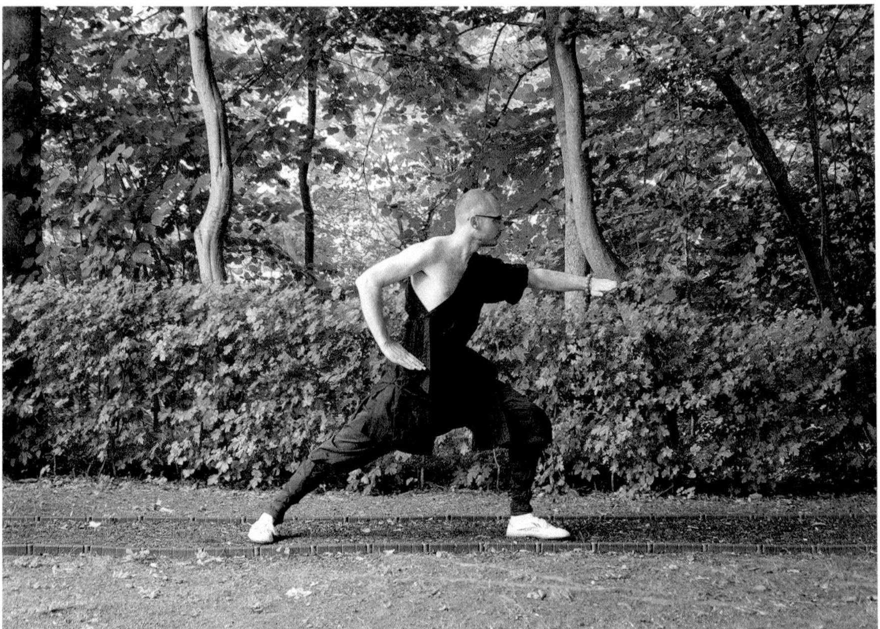

FAUSTFORM

Long Chuan

7-8

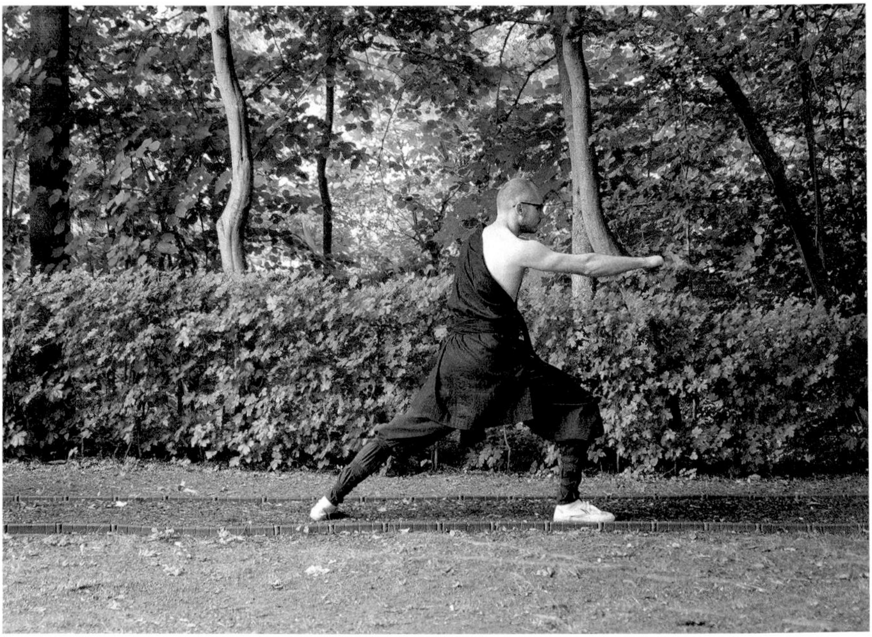

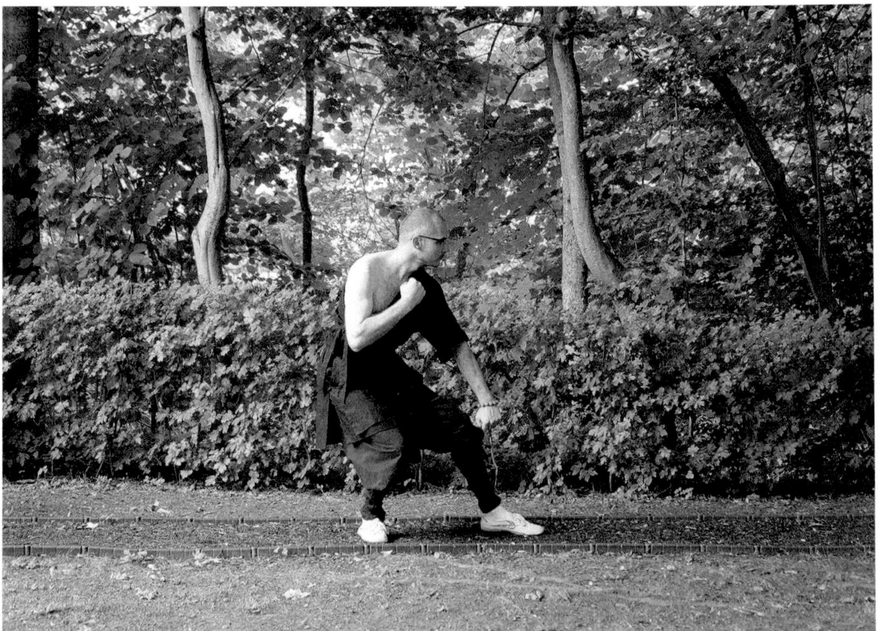

FAUSTFORM

Long Chuan

9-10

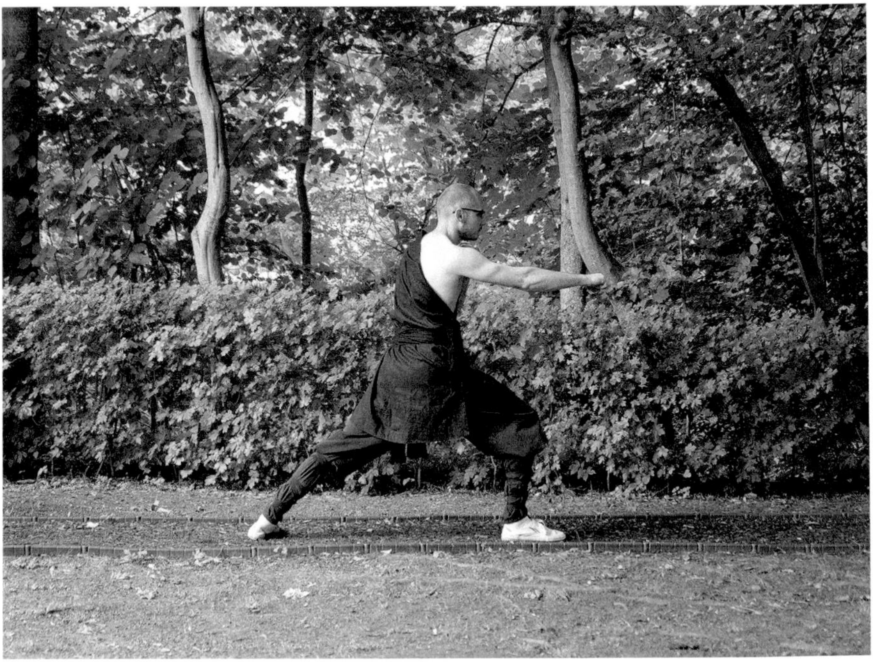

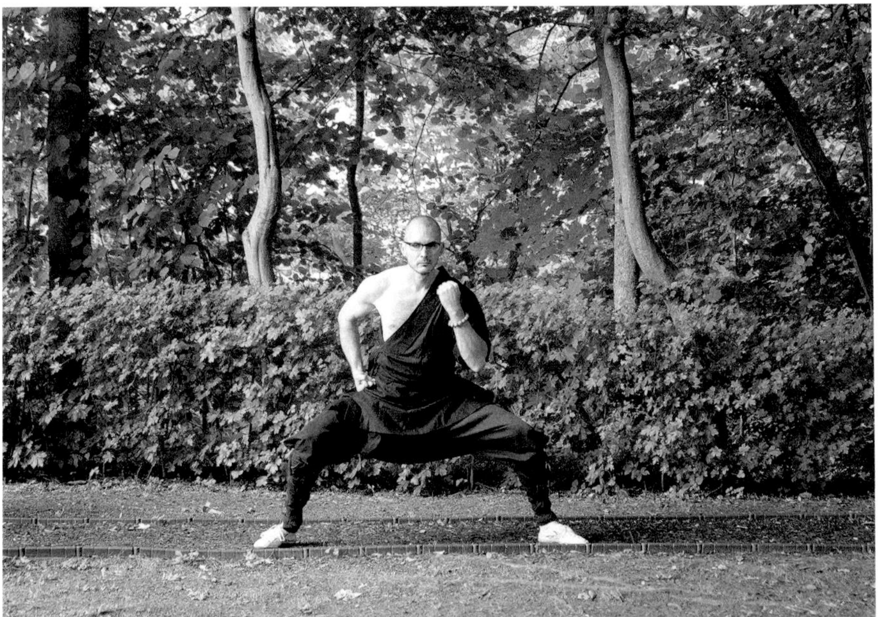

FAUSTFORM

Long Chuan

11-12

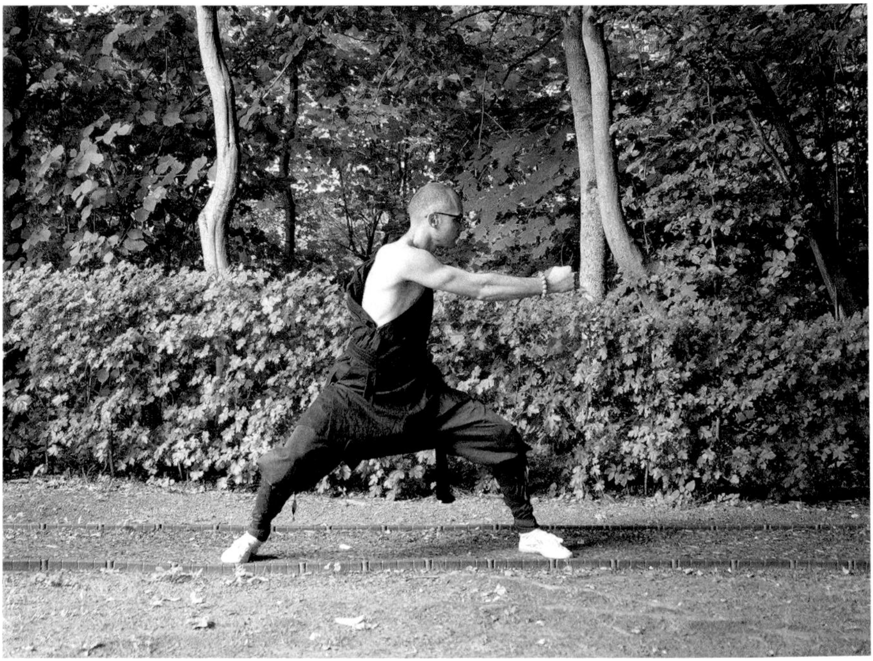

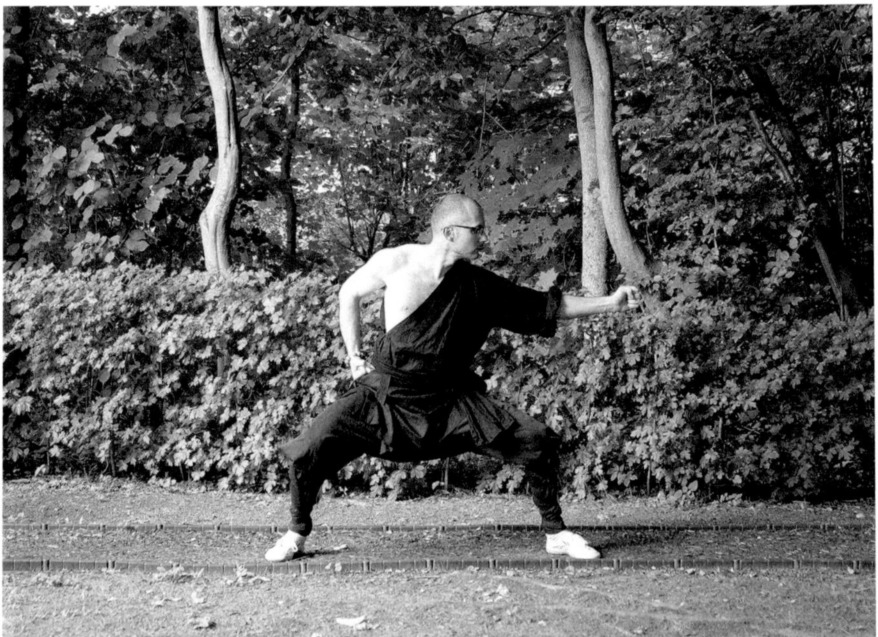

FAUSTFORM

Long Chuan

13-14

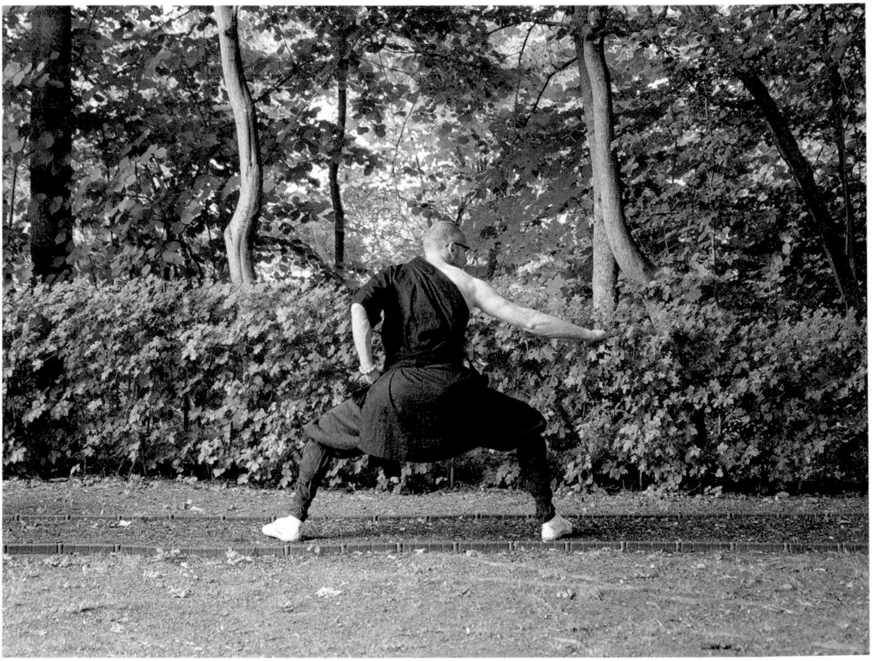

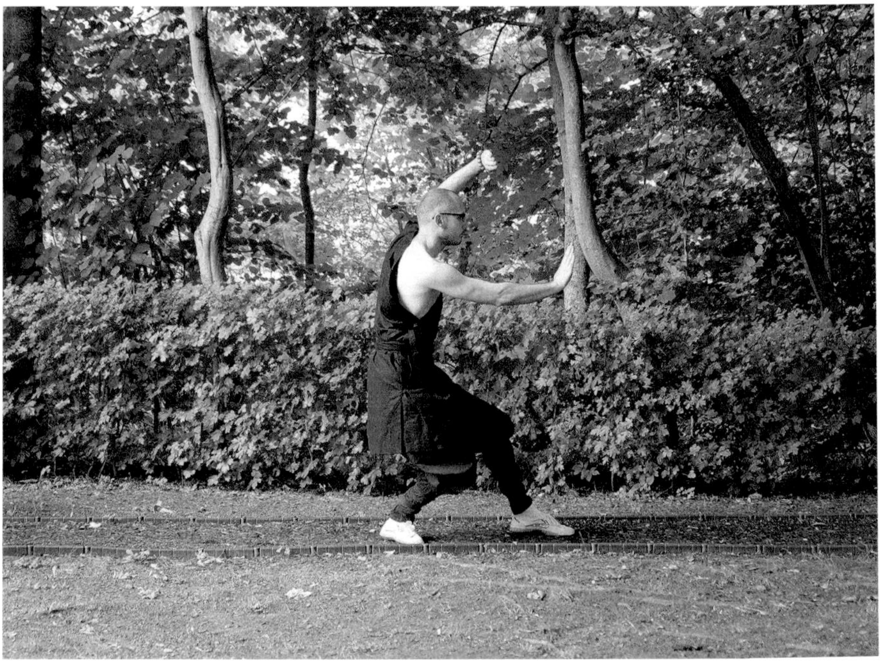

FAUSTFORM

Long Chuan

15-16

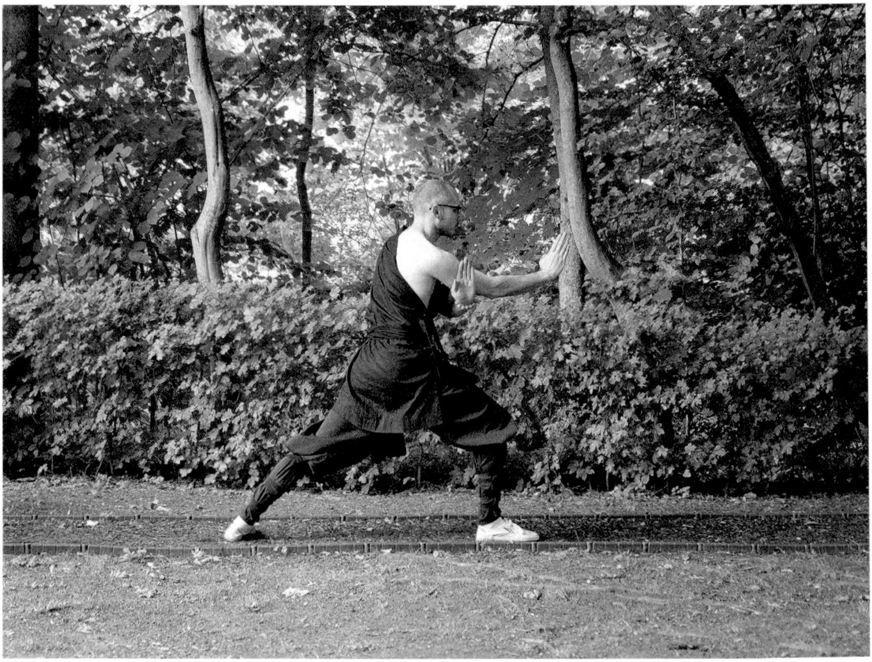

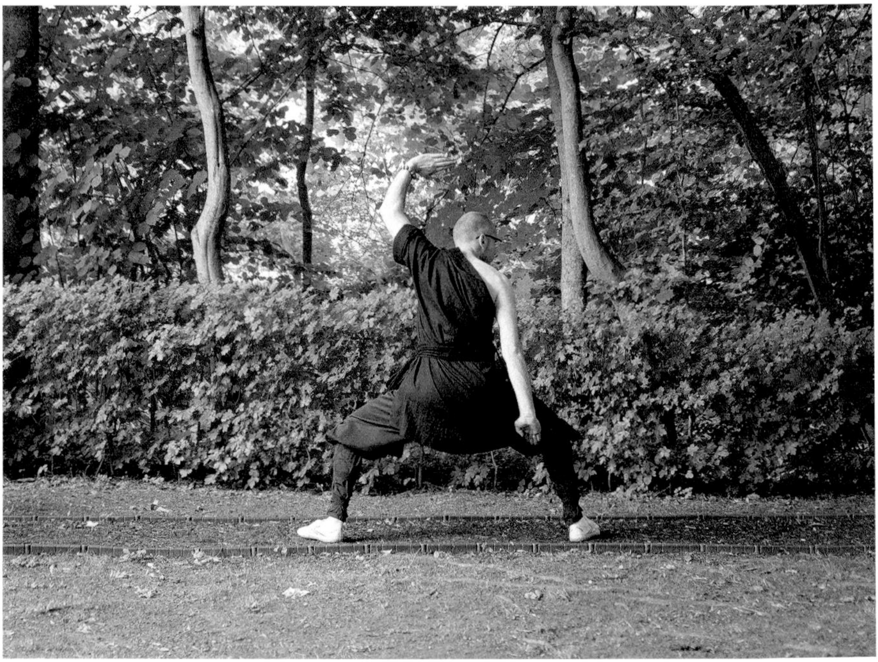

FAUSTFORM

Long Chuan

17-18

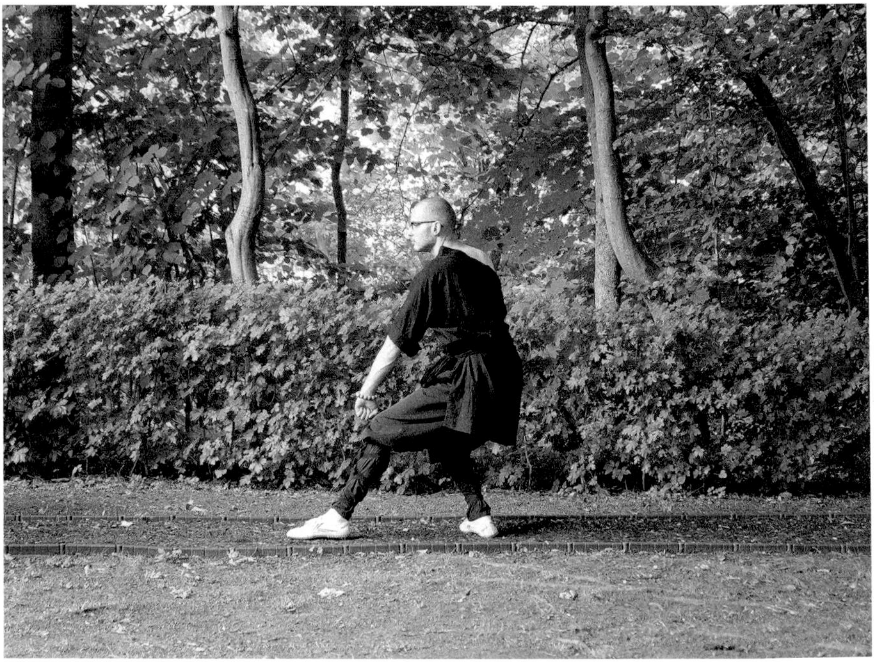

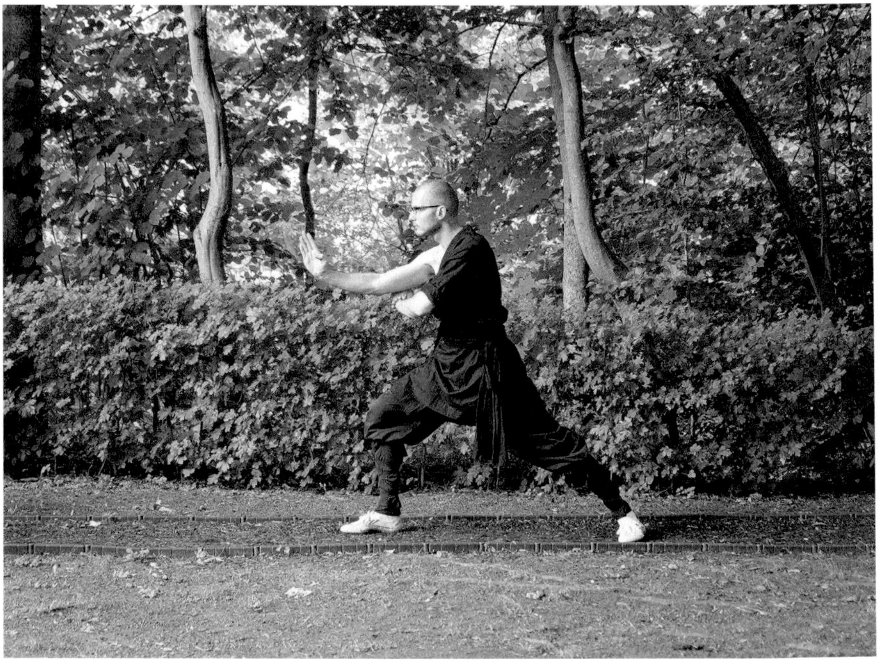

FAUSTFORM

Long Chuan

19-20

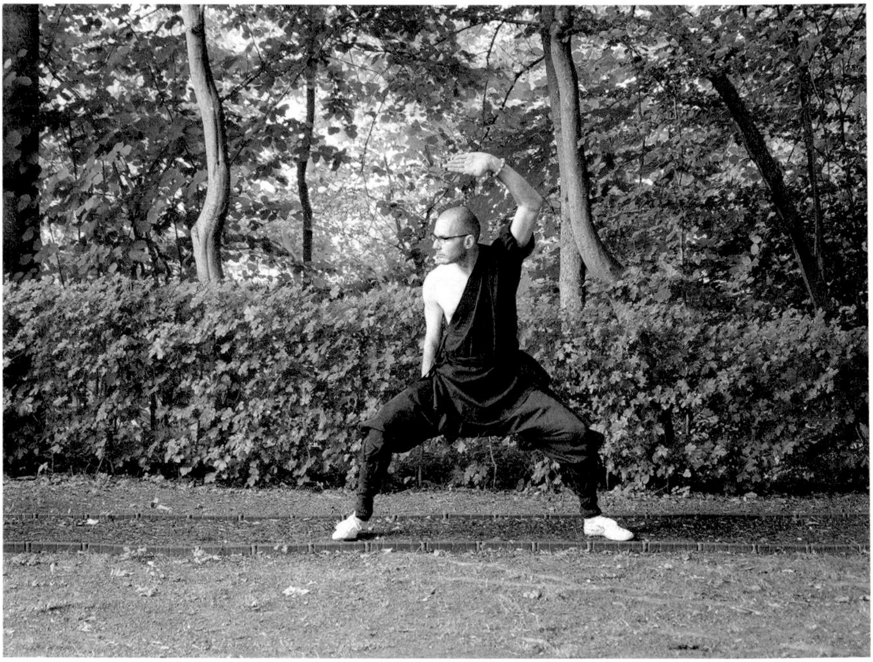

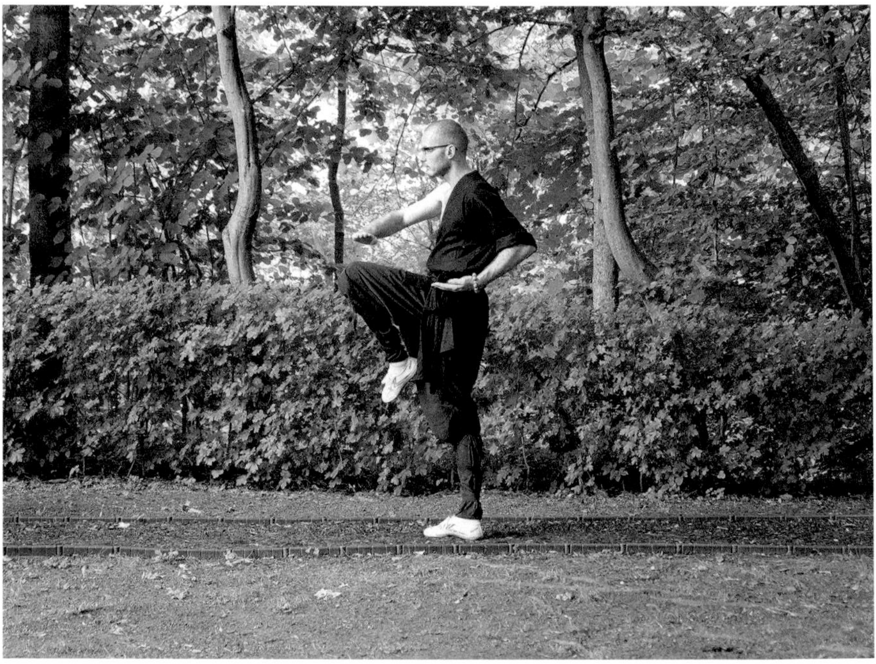

FAUSTFORM

Long Chuan

21-22

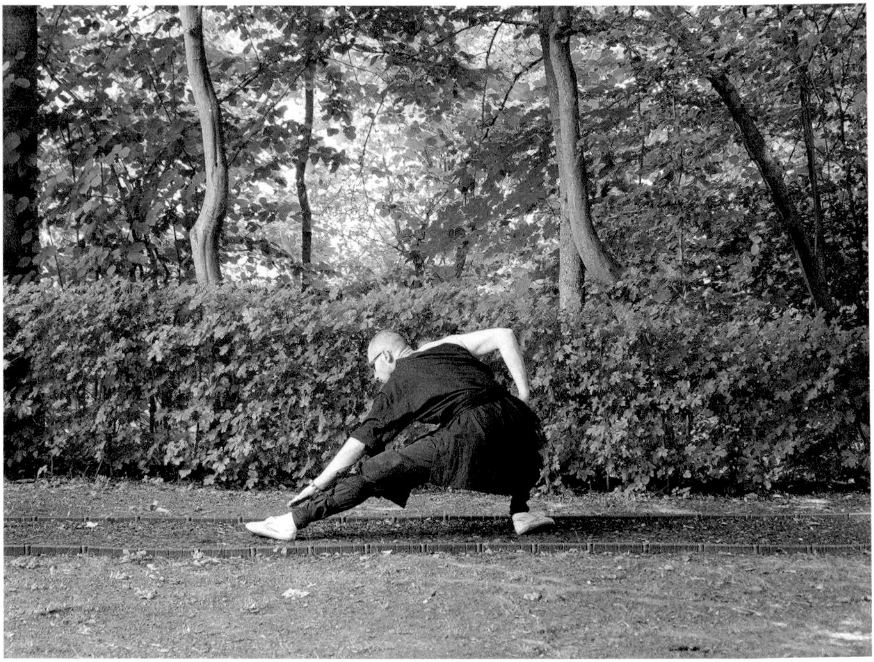

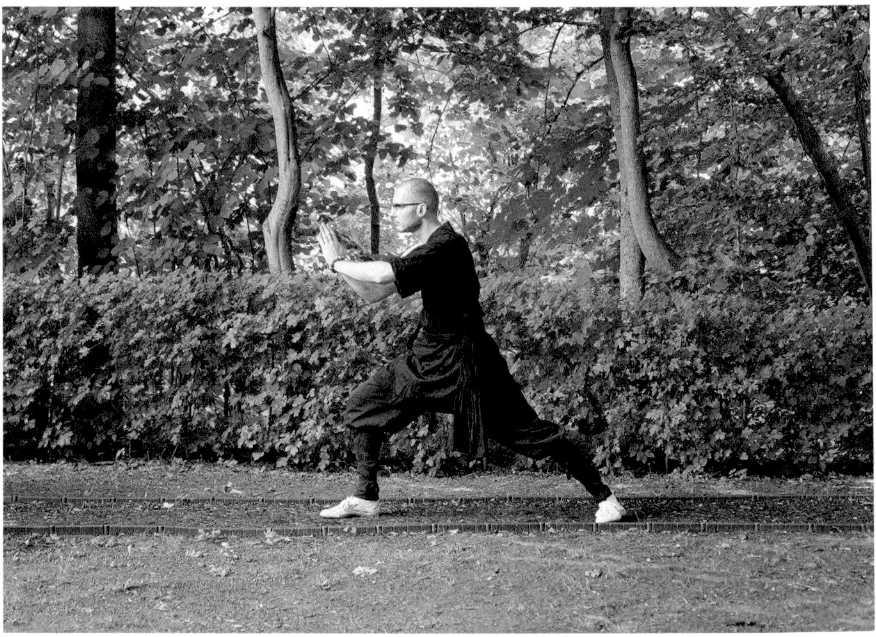

FAUSTFORM

Long Chuan

23-24

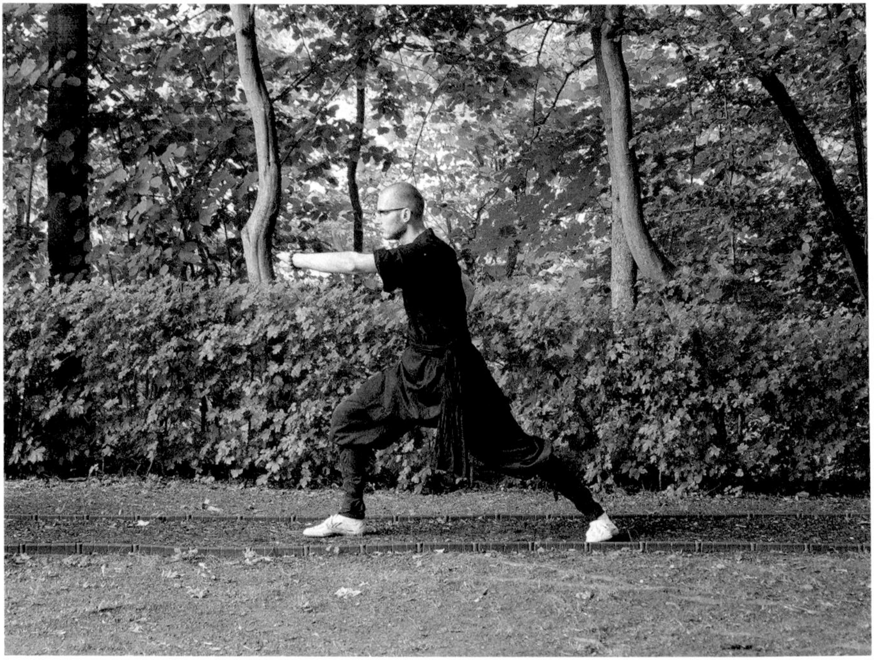

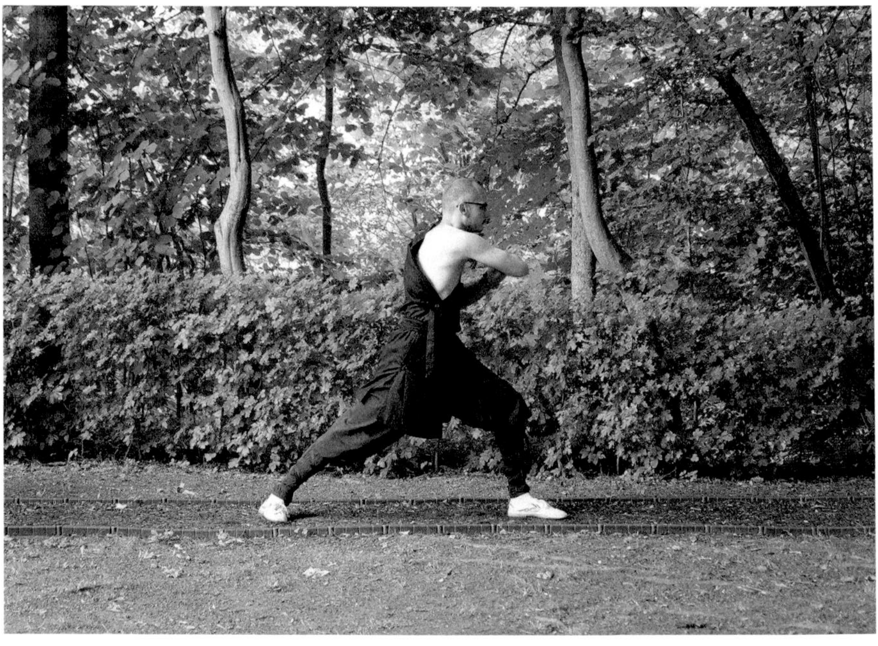

FAUSTFORM

Long Chuan

25-26

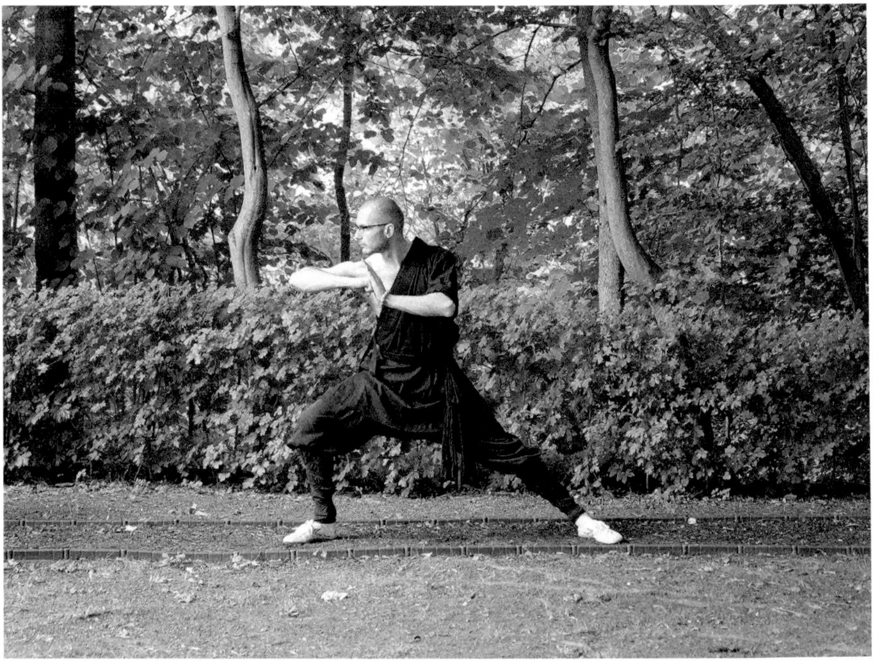

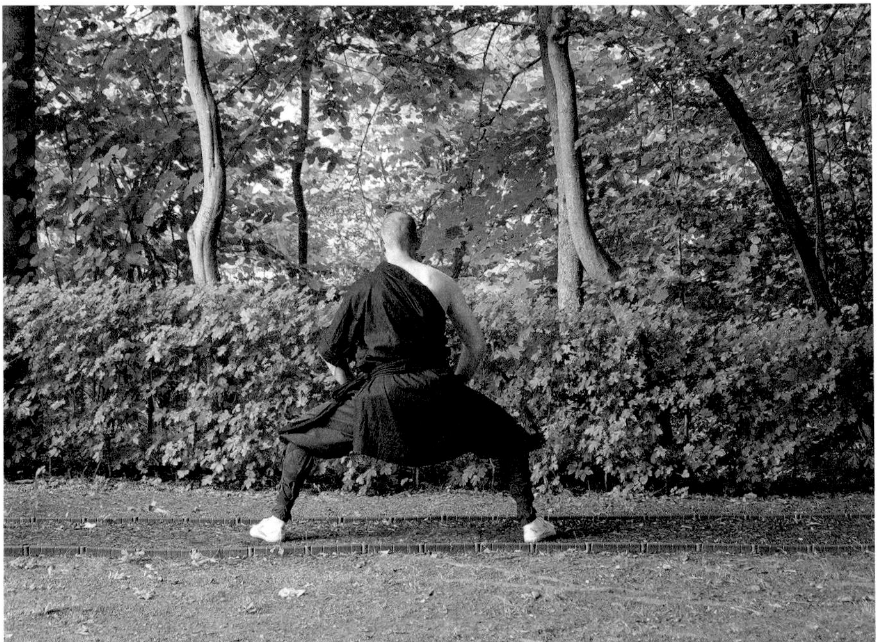

FAUSTFORM

Long Chuan

27-28

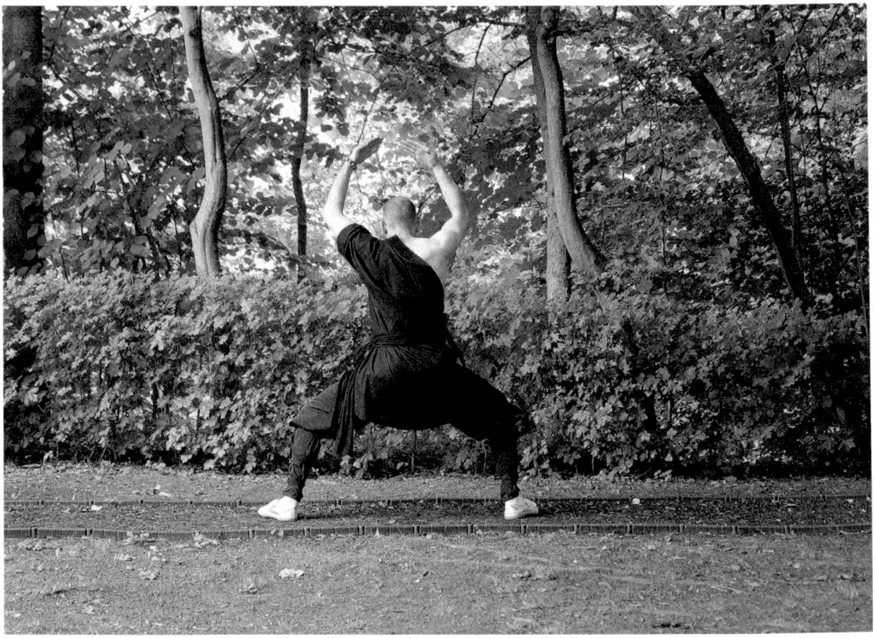

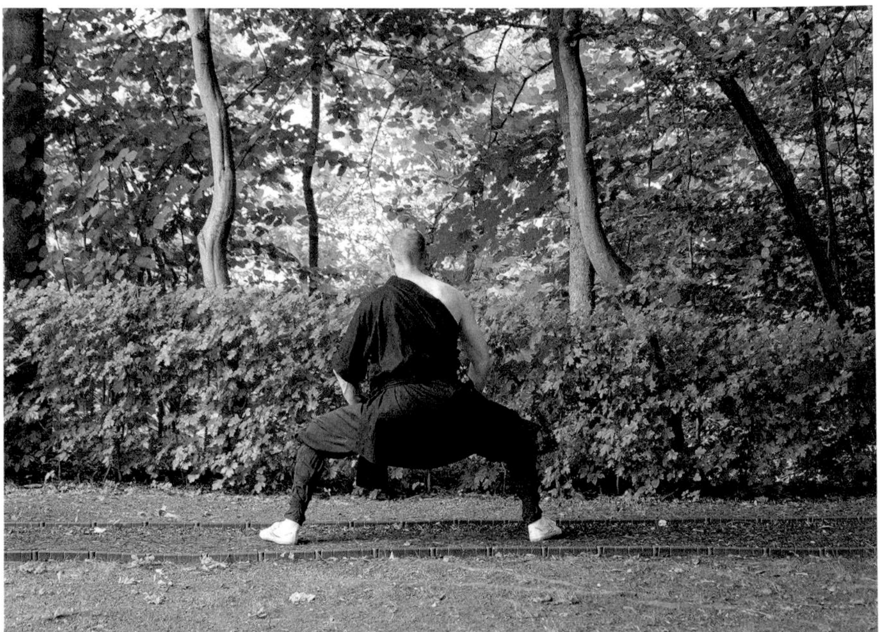

FAUSTFORM

Long Chuan

29-30

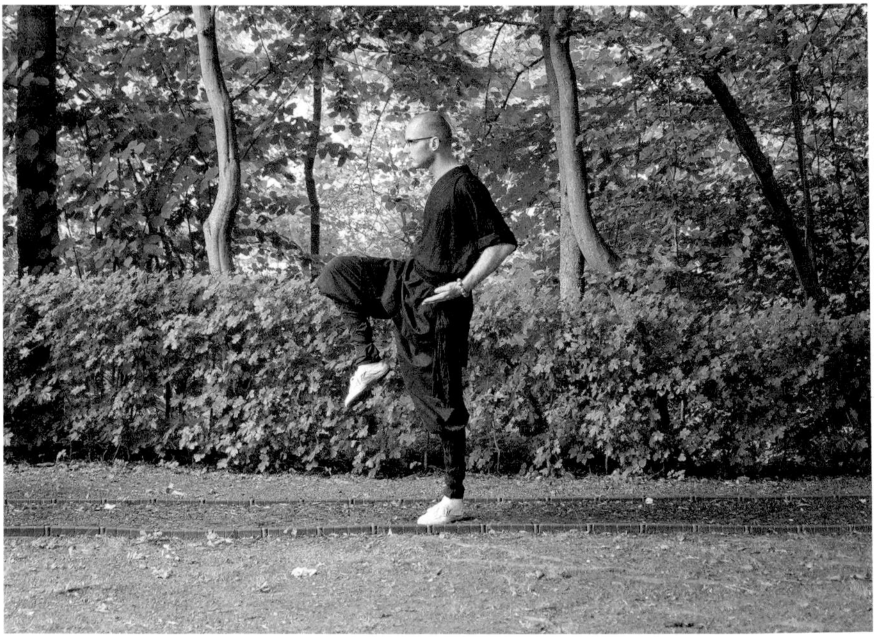

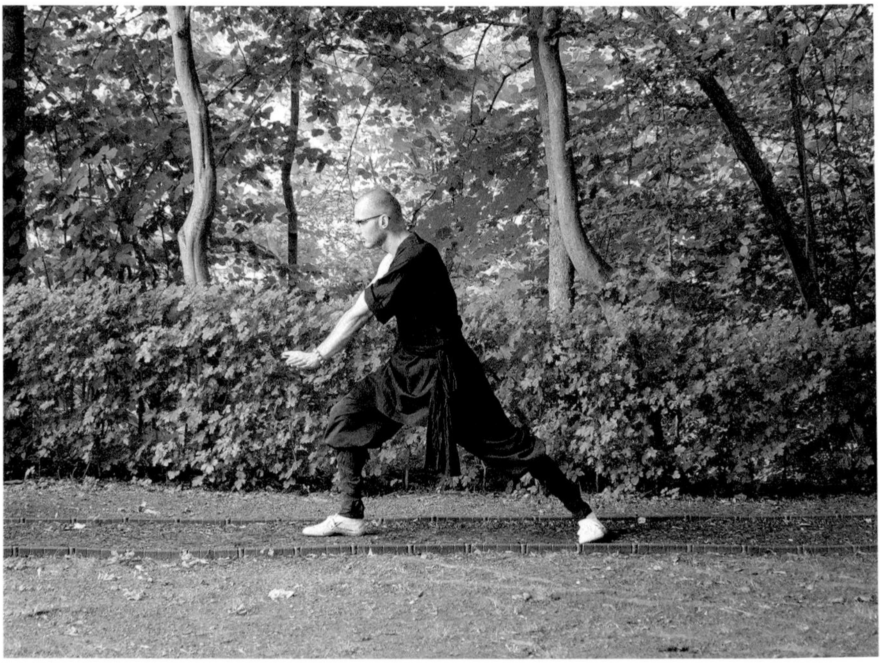

FAUSTFORM

Long Chuan

31-32

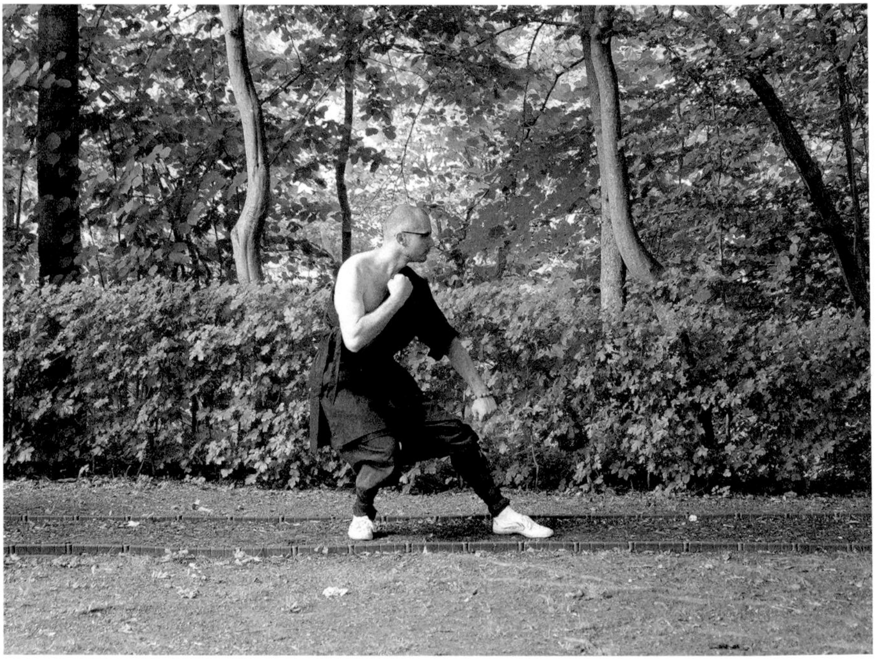

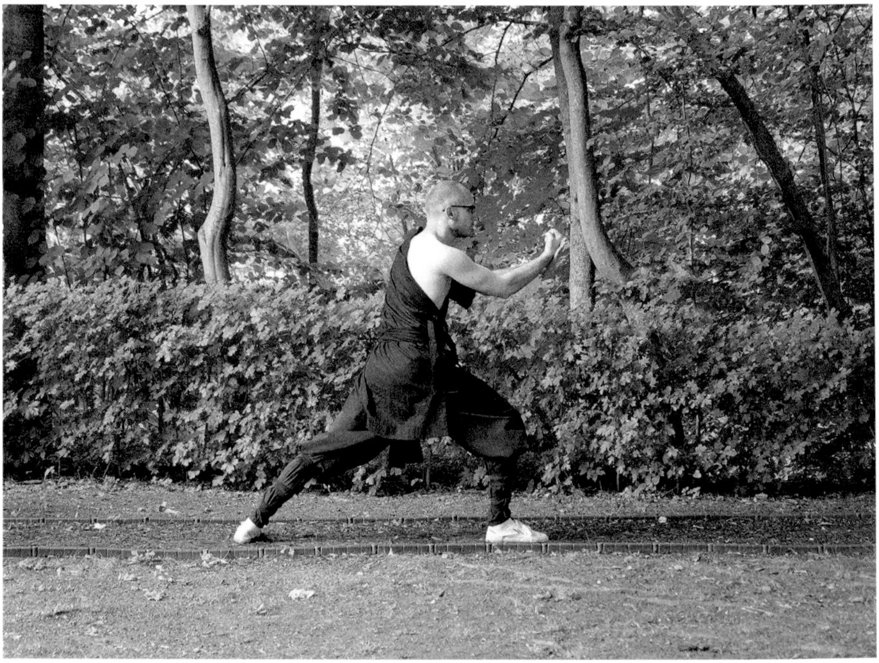

FAUSTFORM

Long Chuan

33-34

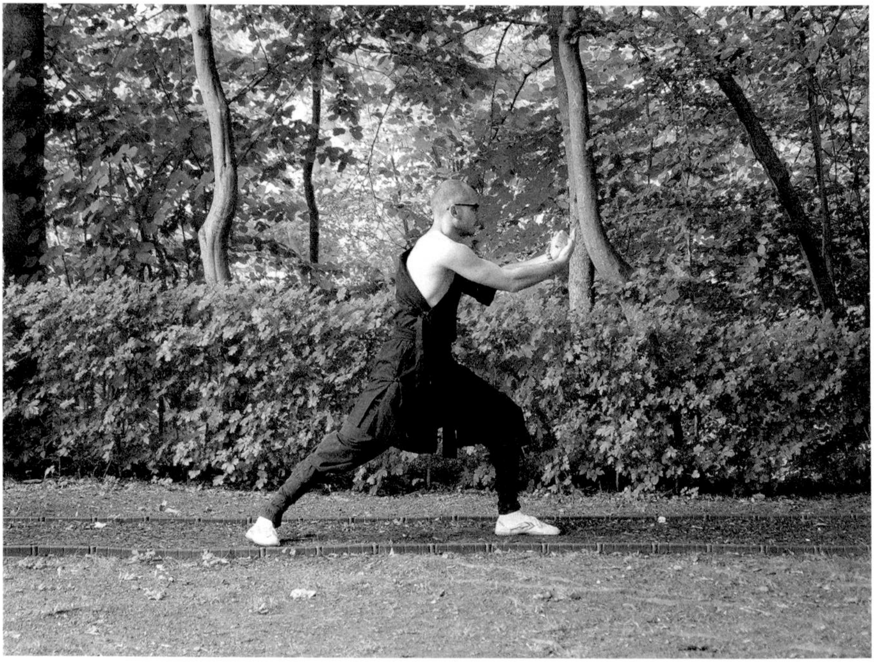

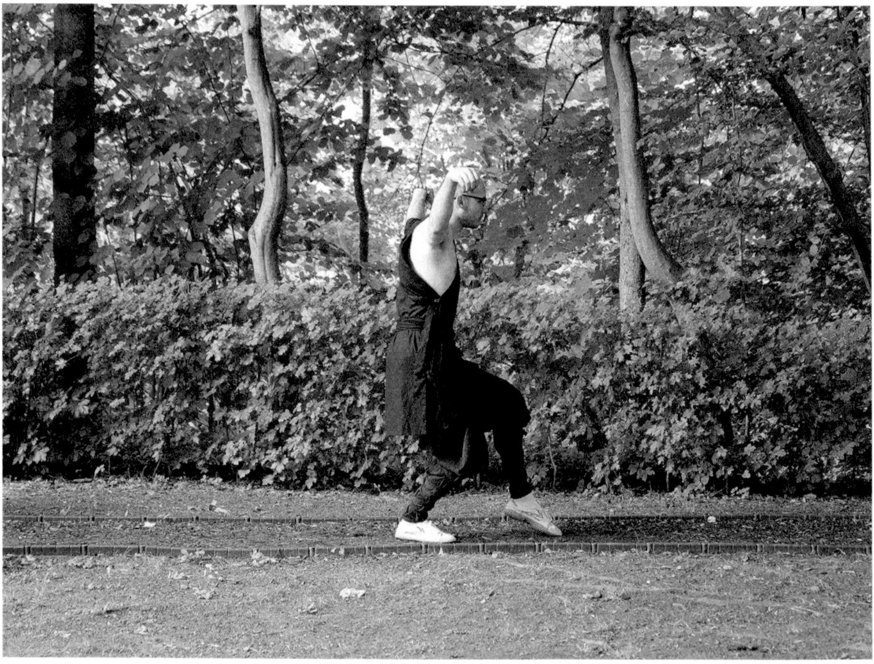

FAUSTFORM

Long Chuan

35-36

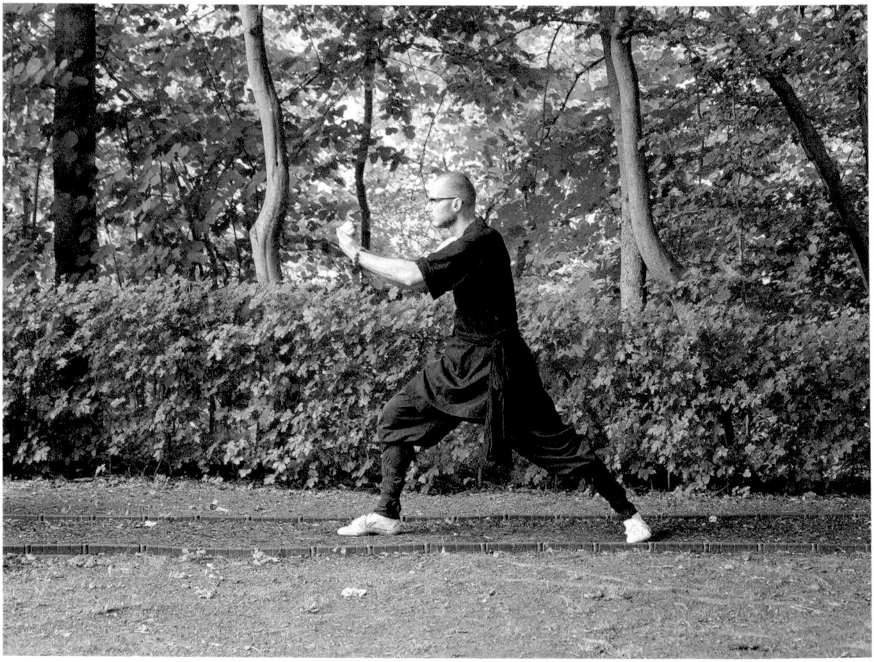

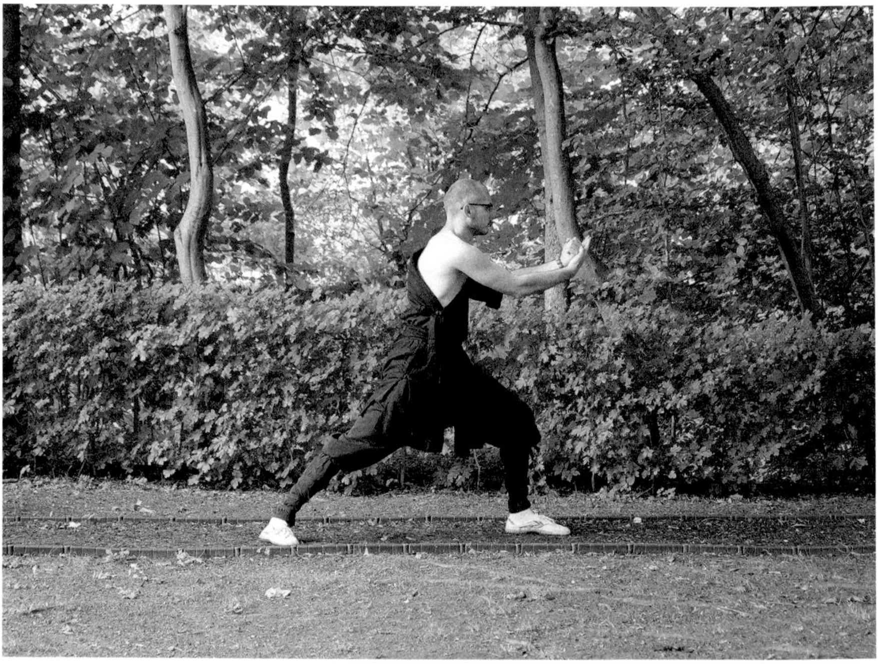

FAUSTFORM

Long Chuan

37-38

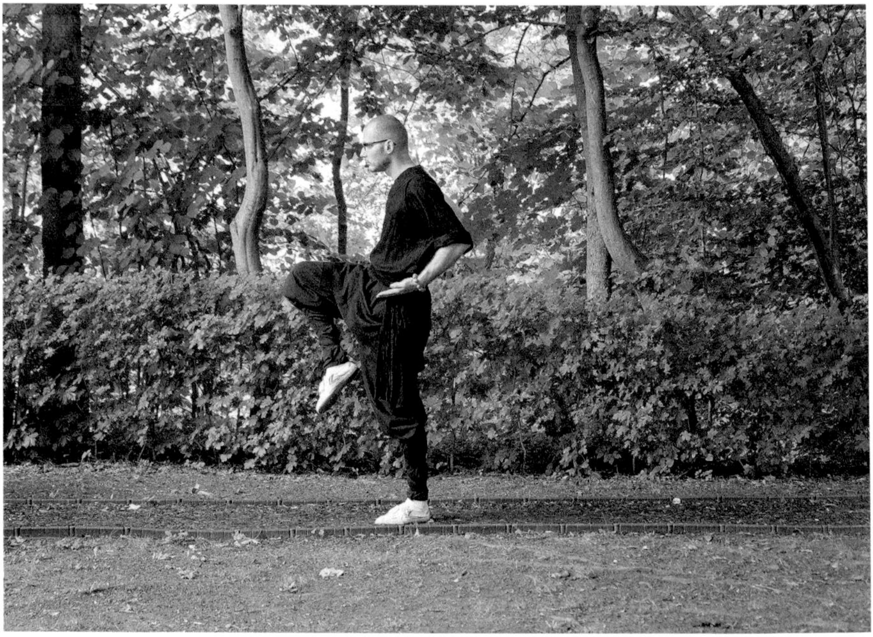

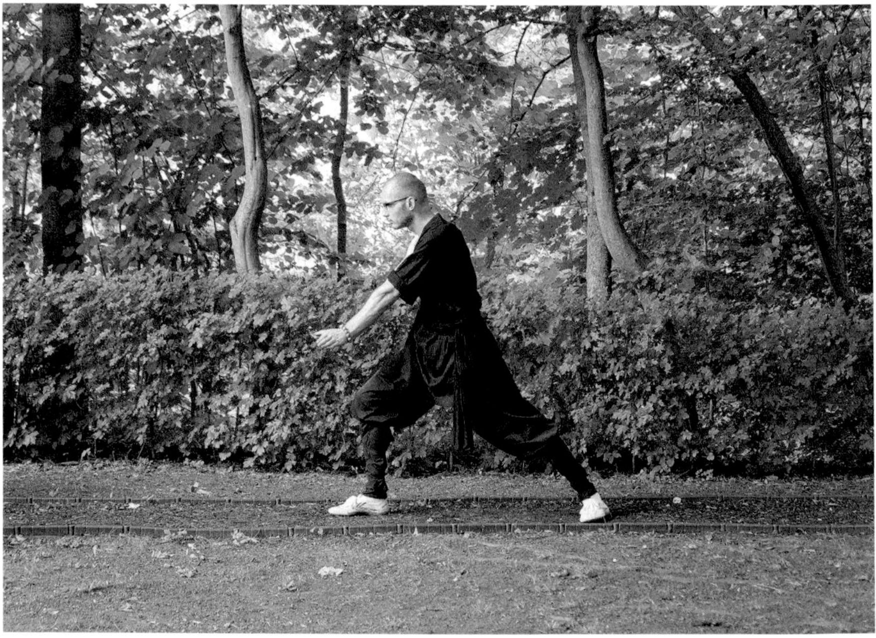

FAUSTFORM

Long Chuan

39-40

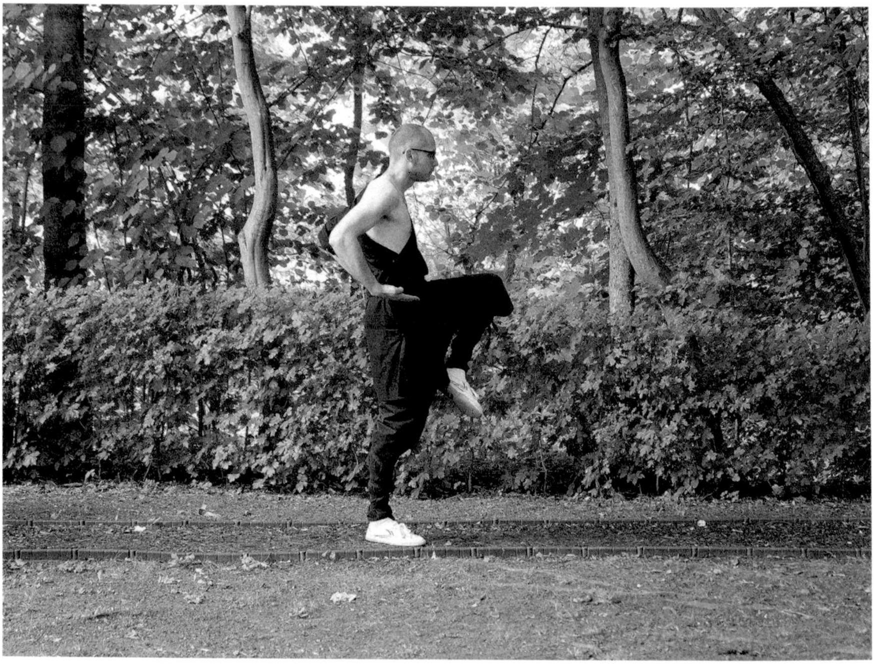

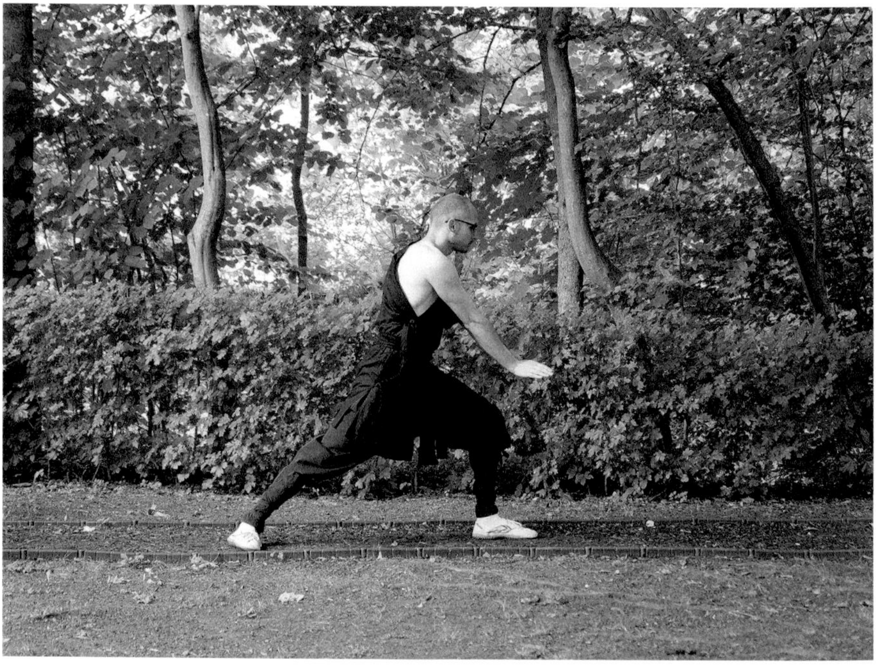

FAUSTFORM

Long Chuan

41

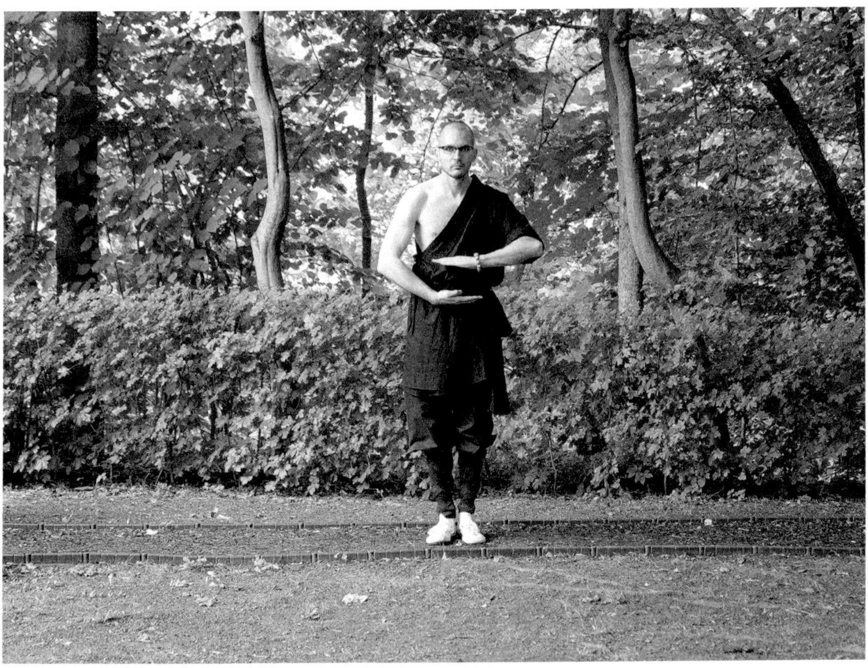

Neue Perspektiven

Für die Zukunft steht eine Pilgerreise nach Shaolin an.

Jeder Kampfkünstler sollte mindestens einmal in seinem Leben, das Shaolin Kloster, den Ursprungsort seines Wirkens besucht haben.

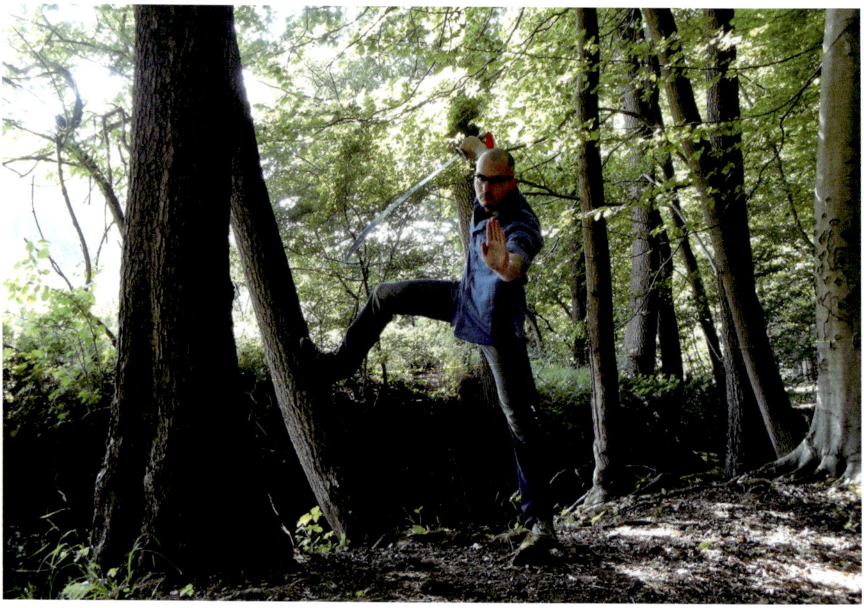

www.spirit-of-shaolin.de

I N T E R N A T I O N A L

SHAOLIN CHAN - WU- TANG MONASTERY

HUANG C. AGUILAR

少林武功

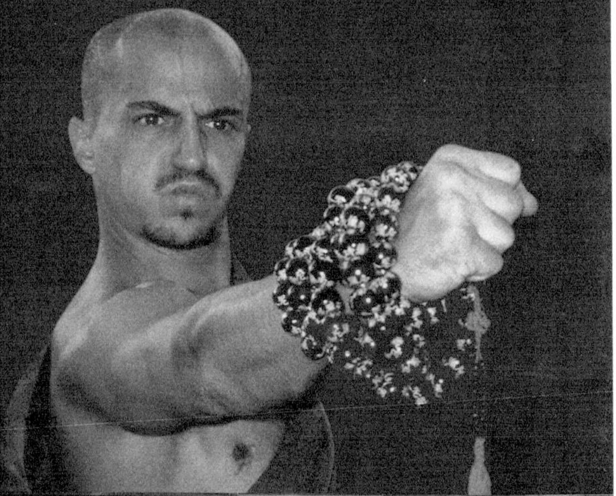

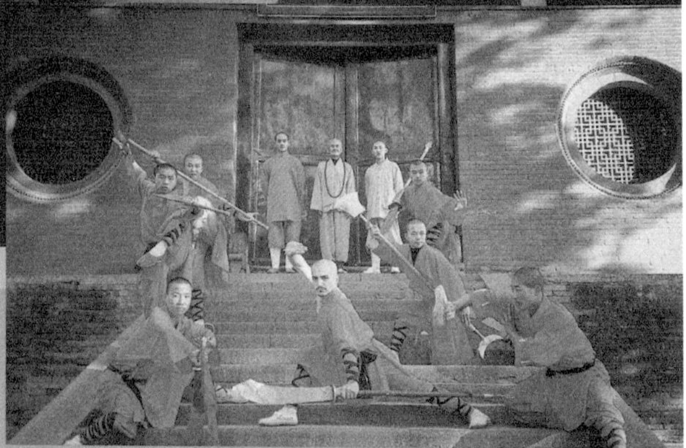

Un nuevo proyecto de futuro, la Orden del Siglo 21

International Shaolin Chan Wu Tang Monastery